スタンダード
原価計算

建部宏明
長屋信義 著
山浦裕幸

同文舘出版

はしがき

　平成9年に『基本原価計算』(同文舘出版)を上梓し、この春(平成30年)に行ったリニューアルで第五版を数えた。この間一貫して、初学者にいかに原価計算の面白さを伝えるかをメインテーマにし、レベルは基礎的な原価計算とし、読者ファーストを目指した大幅・小幅な改定を行ってきた。このたび、このノウハウを既学者にも生かそうと考え、本書を企画した。

　本書は原価計算の基本レベルを勉強し終えた初学者が、その上のレベルに向かう手助けをするのが目的である。

　原価計算を勉強し始めると、いくつかの壁に突き当たる。最初の壁は原価計算特有の用語と考え方、(工業簿記から先に学習した場合には)仕訳などである。しかしながら、これを乗り越えると、学習者は主体的に学修できるようになり、次第に原価計算の魅力にひきこまれ、基礎の部分が理解できるようになる。この段階では、知識が引き出しに整理されている必要があるが、それは基礎学力の養成によって実現する。これは、『基本原価計算』で可能になると考える。

　その次の壁は、比較的高い。というのも、入門レベルでは数値がすべて与えられ、それを計算する能力だけが問われたが、それができるようになると、提示されたデータから必要なデータを選び出し、色々な考え方を組み合わせて、それらを応用する力が問われるようになるからである。これはこれまで得た知識が引き出しに整理されていることを前提とし、問題解決のためにそれを開きながら知識を使い切り、要求された課題を達成する。この間、1つのミスも許されない。また、知識の引き出しは一番上の引き出しを最初に開けてしまうと、その後の引き出しが開けられなくなってしまう。引き出しに整理された知識は、それを出していく順序があり、この点を考慮しないと、初学者の力は伸びず、同時に初学者の興味や学修へのインセンティブが失せてしまう。これを解決しようと試みたのが、本書である。

　原価計算の基本に加えて、以下の項目を加えた。

- 外注加工賃の仕訳

- 製造間接費予算：実査法変動予算とその差異分析
- 部門費計算第2次集計法：連立方程式法・複数基準配賦法
- 個別原価計算：作業屑や仕損の処理の仕訳
- 総合原価計算：正常・仕損の非度外視法
- 工程別総合原価計算：非累加法
- 等級別総合原価計算：単純総合原価計算に近い等級別総合原価計算と組別総合原価計算に近い等級別総合原価計算
- 連産品原価計算
- 標準原価計算の差異分析：歩留差異，配合差異
- 直接原価計算：固定費調整（一括調整法，ころがし計算法）
- より高度な経営意思決定
- 活動基準原価計算（ABC）

　高度な原価計算力は，一つひとつの知識の正確な理解のうえに成り立ち，高度な原価計算を目指せば目指すほど，基礎力が要求される。本書は，この点を多いに考慮した。

　書名は「上級原価計算」や「アドバンスト原価計算」などの選択肢もあったが，結局「スタンダード原価計算」とした。内容的には，かなり高度な内容を含んでおり，上級ともいえるが，本書全体の内容レベルは完全に上級というよりも初級から中級・上級への橋渡しを意図としているため，「スタンダード」を用いた。本書が初学者から中級者・上級者へステップアップするお手伝いができれば幸いである。

　最後に，本書出版にあたりご尽力いただいた，同文舘出版㈱の中島治久氏，青柳裕之氏，有村知記氏に深く感謝申し上げたい。

2018年3月

著者一同

目次
スタンダード原価計算

はしがき ·· i

第1章 原価計算の目的, 原価, その種類としくみ

1 原価計算とは ·· 1
　(1) 財務諸表作成目的　2
　(2) 原価管理目的　2
　(3) 利益管理目的　3
　(4) 経営意思決定目的　3

2 原価とは ·· 4
　(1) 原価概念　4
　(2) 製品原価算定のための原価分類　5
　(3) その他の原価分類　6
　(4) 非原価項目　7

3 原価計算の種類 ·· 8
　(1) 原価集計の観点による分類　8
　(2) 原価集計の継続性による分類
　　　(原価計算制度と特殊原価調査)　9

4 製品原価算定目的における原価計算のしくみ ········· 9

第2章 費目別計算

1 費目別計算 ··· 11
2 材料費の計算 ·· 11
　(1) 材料購入原価の計算　12
　(2) 材料消費額の計算　14
　(3) 棚卸減耗費の計算　14

3	材料費計算関係の仕訳	15
4	労務費の計算	17

    （1）賃金給料の計算　17

5	労務費計算関係の仕訳	20
6	経費の計算	22

    （1）経費とは　22
    （2）経費にかかわる仕訳　23

7	外注加工賃の処理	25

    （1）外注加工賃とは　25

第3章　製造間接費と部門費計算

1	製造間接費計算	29

    （1）製造間接費の配賦と配賦基準　29
    （2）製造間接費の実際配賦と予定配賦　29
    （3）固定予算と変動予算（公式法，実査法）　30
    （4）製造間接費配賦差異の分析　30
    （5）製造間接費に関する仕訳　36

2	部門費計算	36

    （1）部門費計算の意義と目的　36
    （2）部門別計算の手続き　37
    （3）部門別計算に関する仕訳　42

第4章　個別原価計算

1	個別原価計算	47

    （1）個別原価計算とは　47
    （2）単純個別原価計算　48
    （3）部門別個別原価計算　51

2	個別原価計算の作業屑と仕損	55

    （1）作業屑の処理　55

目次

　　　（2）作業屑の仕訳　56
　　　（3）仕損の処理　57

第5章　単純総合原価計算

1　総合原価計算とは ──────────────── 61
　　（1）総合原価計算の種類　61
　　（2）総合原価計算の特徴　62

2　単純総合原価計算とは ──────────────── 63
　　（1）月末仕掛品および完成品の評価　63
　　（2）平均法　64
　　（3）先入先出法　65
　　（4）純粋先入先出法　65

第6章　総合原価計算における仕損・減損の処理

1　仕損・減損とは ──────────────── 73
　　（1）仕損　73
　　（2）減損　73

2　仕損・減損の原価計算上の処理 ──────────────── 73
　　（1）正常仕損・正常減損　73
　　（2）異常仕損・異常減損　74

3　正常仕損・正常減損の処理方法 ──────────────── 74

第7章　工程別総合原価計算

1　工程別総合原価計算とは ──────────────── 87
2　工程別総合原価計算の計算体系 ──────────────── 87
　　（1）累加法　88
　　（2）非累加法　91
　　（3）加工費工程別総合原価計算（加工費法）　97

第8章 組別総合原価計算

1 組別総合原価計算とは ─────────────── 101
2 組別総合原価計算の計算方法 ─────────── 101

第9章 等級別総合原価計算

1 等級別総合原価計算とは ─────────────── 111
  (1) 製品の品質基準　　111
  (2) 原価財の消費量基準　　111
2 等級別総合原価計算の計算方法 ─────────── 112
  (1) 単純総合原価計算に近い方法
      （完成品のみを等級別計算する方法）　　112
  (2) 単純総合原価計算に近い方法
      （原価要素別に等級別計算する方法）　　115
  (3) 組別総合原価計算に近い方法　　119

第10章 連産品原価計算

1 連産品原価計算とは ───────────────── 123
2 副産物，作業屑の計算 ─────────────── 126

第11章 標準原価計算

1 標準原価計算の意義と目的 ─────────────── 129
2 標準原価計算の手続き ─────────────── 130
3 原価標準の設定と原価差異の分析 ─────────── 131
  (1) 原価標準の設定　　131
  (2) 標準原価の計算　　131
  (3) 原価差異の分析　　133
4 標準原価計算の勘定記入 ─────────────── 139
  (1) シングル・プラン　　139

(2) パーシャル・プラン　140
　　　(3) 修正パーシャル・プラン　140
　5　標準原価計算における仕損・減損の処理 ────── 144
　6　配合差異と歩留差異 ──────────────── 148
　　　(1) 配合差異　148
　　　(2) 歩留差異　148
　7　原価差異の会計処理 ──────────────── 151

第12章　CVP分析

　1　CVP分析の意義 ───────────────── 153
　2　CVP関係の計算 ───────────────── 154
　　　(1) 基礎的な計算と感度分析　154
　　　(2) 経営レバレッジ係数　157
　　　(3) 多品種製品のCVP分析　160
　3　原価の固変分解 ───────────────── 162
　　　(1) 高低点法　163
　　　(2) 最小二乗法　163

第13章　直接原価計算

　1　直接原価計算の意義と目的 ───────────── 165
　　　(1) 直接原価計算の意義　165
　　　(2) 直接原価計算の利用目的　166
　2　直接原価計算の計算構造 ────────────── 167
　3　固定費調整 ──────────────────── 174
　　　(1) ころがし計算法　175
　　　(2) 一括調整法　176

第14章 業務執行的意思決定のための原価計算

1. 業務執行的意思決定の意義 —————————————————— 179
2. 差額原価収益分析 ——————————————————————— 180
   - (1) 差額原価収益分析の意義と分析法　180
   - (2) 差額原価収益分析の計算例　181

第15章 戦略的意思決定のための原価計算

1. 戦略的意思決定の意義 ————————————————————— 191
2. 設備投資に関する意思決定のための基礎概念 ———————— 191
   - (1) キャッシュ・フロー　191
   - (2) 貨幣の時間価値　193
   - (3) 資本コスト　194
3. 設備投資の経済性計算 ————————————————————— 195
   - (1) 貨幣の時間価値を考慮しない方法　196
   - (2) 貨幣の時間価値を考慮する方法　198

第16章 ABC

1. 新しい管理ツールの必要性 ——————————————————— 203
2. ABCとは ——————————————————————————— 204
3. ABCの特徴――伝統的な原価計算との比較 ————————— 205
4. ABCによる製造間接費の計算 ————————————————— 206
5. ABCの意思決定への利用 ——————————————————— 209

＜参考＞現価係数表と年金現価係数表 ————————————— 214
索引 ——————————————————————————————— 216

スタンダード原価計算

原価計算の目的,原価,その種類としくみ

第1章

Key Word

財務諸表作成目的　原価管理目的　利益管理目的　経営意思決定目的　原価概念
一般原価概念　機能別原価概念　支出原価　特殊原価　機会原価　要素別原価概念
形態別分類　製品との関連分類　操業度との関連による分類
期間損益計算における対応関係による分類　管理可能性による分類　非原価項目
原価集計法別分類　原価集計時点別分類　原価集計範囲別分類　原価計算制度
特殊原価調査　原価計算期間　費目別計算　部門別計算　製品別計算

1 原価計算とは

　現在,原価計算は経営管理者の「管理要具」として大きな役割を果たしているが,元来は製造業者による販売価格計算,いわば製品原価算定のための体系であった。市場が未成熟であった時代には,企業が原価計算を駆使して計算した価格がそのまま市場価格として機能した。市場の成熟にともない,価格が市場で形成されるようになると,価格計算のための原価計算の役割は2次的なものとなった。そのかわりに,原価計算は,財務諸表作成のための売上原価の算定や棚卸資産の評価をはじめ,原価管理,利益管理,経営意思決定などのために実施されるようになった。

　原価計算を理解するにあたって,最初に問題になるのが「原価計算とは何か」である。製品原価の算定に特化した場合の原価計算の定義は,以下のとおりである。

　原価計算とは「製造業において製造された製品が1単位あたりいくらであるか,すなわち製品の原価を計算する体系」である。

　やがて,工場の組織や設備が複雑になるにつれて,原価計算はさまざまな目的を満たすことが管理者によって要求されるようになった。そこで,製品原価の算定で提供される「いくらでできたか」の情報から「いくらでできるか」や「いくら使えるか」,「どちらが得か」などの情報が作成できるように,原価計算に工夫が凝らされた。前者は原価管理,利益管理などの業績評価に,後者は経

営意思決定に役立つ情報である。こうして，原価計算は現在では製品原価算定だけではなく，経営管理者の「管理要具」として広く認知されている。以上を総合すると，原価計算の目的は，次のように列挙できる。

① 財務諸表作成目的
② 原価管理目的
③ 利益管理目的
④ 経営意思決定目的

すなわち，原価計算は製品原価の算定（①），業績評価（②および③），経営意思決定（④）のために実施される。上記のような目的を反映すると，原価計算は以下のように定義できる。

原価計算とは「企業の経営目的を実現するために，生じうるないしは生じた有形無形の財の価値犠牲を測定する一連の体系」である。

(1) 財務諸表作成目的

原価計算は製造業における貸借対照表，損益計算書，製造原価報告書，すなわち財務諸表の作成に必要不可欠な情報を提供する。

貸借対照表の借方側には各種資産が記入される。とくに，製造業における貸借対照表において，材料，製品，仕掛品などの棚卸資産は，原価計算によって提供される情報である。他方，損益計算書に計上される売上原価は，期首製品棚卸高＋当期製品製造原価－期末製品棚卸高によって計算されるが，期首および期末製品棚卸高，当期製品製造原価は，原価計算によって提供される「いくらでできたか」の情報である。

基本的には，製品原価の算定が主たる計算目的となる場合，こうした種類の原価情報の作成は，おもに個別原価計算や総合原価計算によって行われる。

(2) 原価管理目的

近年，企業は激しい市場競争に直面し，必要利益を確保するために原価削減に迫られている。一般的に利益は売上高と原価の差額（売上高－原価＝利益）から生じるので，市場競争の激化にともなって価格，ひいては売上高が企業自身の手で決定できないとすると，原価を削減しなければ利益は増加しない。こ

のために，企業はしかるべき水準に原価を抑え込むという原価管理（原価維持）の必要性が高まった。

原価管理においては，原価の目標値（いくらでできるか）を過去の原価計算データの科学的な分析によってあらかじめ設定し，それと実際に生じた原価を比較して目標値への達成度を評価する。これにより，計画（plan）― 実施（do）― 統制（check）― 是正措置（action）というマネジメント・サイクルが確立され，原価の管理が可能になる。これがコスト・コントロール（cost control）であり，原価管理が主たる計算目的になる場合，こうした情報作成のために工夫されたのが標準原価計算である。

(3) 利益管理目的

原価管理を継続的に実施していくと，これ以上原価を削減できない極限の状態に達する。これを打開するためには，利益を先に計画し，これに見合う売上高，これに許容される原価（いくら使えるか）を明確にしなければならない。すなわち，「利益＝売上高－原価」の思考である。しかしながら，伝統的な原価計算では，利益を先に決定できない。それは原価のなかに操業に対して変化しない固定費と操業に対して変化する変動費があり，これらが一括して計算されるからである。そこで，原価を固定費と変動費に分けて別個に計算を行う。そうすれば，売上高，原価，利益の三者間に比例関係が生まれ，事前に利益の計算が可能になる。利益を先に計算すれば，許容原価の範囲内で原価を有効活用できるようになる。これがコスト・マネジメント（cost management）であり，利益管理が主たる計算目的になる場合，こうした情報の作成は，CVP分析やこれを原価計算に組み込んだ直接原価計算によって行われる。

(4) 経営意思決定目的

企業経営は数多くの問題解決，すなわち代替案の選択の繰り返しである。これが経営意思決定であり，企業経営は意思決定の総体である。経営における意思決定は，業務的なものと構造的なものとに区分できる。前者は業務執行的意思決定であり，日常的かつ反復的に行われ，価格決定，短期利益計画などを含む。他方，後者は構造的意思決定であり，臨時的かつ非反復的に行われ，設備

投資などにかかわる。とくに，経営意思決定に際しては，代替案のうちどちらが有利であるかという差額原価情報，すなわち「どちらが得か」が重要である。直面した問題解決のために，この「どちらが得か」という情報は，操業度との関連による原価の分類から生じる固定費と変動費の区分がきわめて重要であり，経営意思決定が主たる計算目的になる場合，こうした情報の作成は差額原価収益分析で可能になる。

2 原価とは

　原価計算の計算対象は原価であるが，「原価とは何か」の理解は容易ではない。通常，「原価とは何か」は原価概念の問題としてとらえられる。

(1) 原価概念

　原価概念はその階層によって，一般原価概念，機能別原価概念，要素別原価概念に分けられ，原価の概念は階層が高いほどより抽象的であり，階層が低くなるほどより具体的になる。

　一般原価概念は原価に関する普遍的な定義（抽象性大），機能別原価概念は使用目的による定義，要素別原価概念は実際に原価を計算するための定義（具体性大）として階層でとらえられる。

　一般原価概念によれば，原価は「特定の目的のために，犠牲にされる経済資源の貨幣による測定額」と定義され，最も抽象的なレベルの原価の定義である。一般原価概念は原価計算がいかなる目的で行われようとも，すべての原価計算目的に対して適用可能な原価概念である。

　また，原価は「支出を単位として測定される原価（支出原価）」と「機会の逸失という概念でとらえる原価（特殊原価）」という2つの原価概念で説明できる。これらは原価計算の目的別に異なる原価の分類であり，これが機能別原価概念である。この概念によれば，原価はその使用目的の違いによって支出原価と特殊原価に分類できる。支出原価とは，犠牲にされる（された）経済資源を，それらのために費やした現金支出額によって測定したものである。したがって，外部報告用の財務諸表作成のためには，支出原価はきわめて有効な概念である。

他方，特殊原価とは，犠牲にされる経済資源を，ほかの用途にふりむけたときに得られるはずの最大利益額（最大逸失利益額）などで測定した原価である。したがって，原価は必ずしも貨幣支出によることなく，測定できる。特殊原価（たとえば機会原価）は経営意思決定の局面で，提示された複数の代替案を評価するためには，最適な原価概念である。

さらに，原価は次のような要素として把握できる。

① 形態別分類　　　　　　　　　　　　　　材料費，労務費，経費
② 製品との関連による分類　　　　　　　　直接費，間接費
③ 操業度との関連による分類　　　　　　　固定費，変動費
④ 期間損益計算における対応による分類　　製品原価，期間原価
⑤ 管理可能性による分類　　　　　　　　　管理可能費，管理不能費

これが要素別原価概念であり，単に原価要素という場合もある。このレベルでの原価の考え方はきわめて具体的であり，私たちが通例，原価として計算を行うのはこの原価概念においてである。なお，「原価計算基準三　原価の本質」では原価の要件として，次の4つをあげている。

① 原価は消費される価値である。
② 原価は給付にかかわらせて把握される。
③ 原価は経営目的に関連したものである。
④ 原価は正常なものである。

(2) 製品原価算定のための原価分類

1) 形態別分類（材料費，労務費，経費）

製造業における製品製造の過程において，材料の投入，労働力の消費，設備の使用・維持などさまざまな物品，労働力，サービスが消費され，その成果として製品が完成する。このとき，製品を完成させるまでに製造過程で生じた価値の消費分，すなわち製品を製造するために生じた価値犠牲分が原価である。原価を発生形態によって分類すると，材料費，労務費，経費に区分できる。材料費，労務費，経費は，次のように定義される。

① 材料費——物品の消費によって生じる原価
② 労務費——労働力の消費によって生じる原価

③ 経　費——上記以外の原価材の消費によって生じる原価，おもに設備の使用・維持，サービスの授受によって生じる原価

このように，原価の材料費，労務費，経費への分類は形態別分類とよばれ，製品の原価を計算するときの中心的な考え方である。形態別分類は財務会計における費用の発生を基礎とする分類である。

2）製品との関連による分類（直接費と間接費）

原価（材料費，労務費，経費）は製品との関連で，すなわち一定単位の製品に対してその原価の発生が直接的であるか，間接的であるかによって直接費と間接費に分類できる。

この分類と1）で説明した形態による分類との組み合わせにより，原価はさらに，直接材料費，間接材料費，直接労務費，間接労務費，直接経費，間接経費に細分できる。すなわち，材料費，労務費，経費という形態別分類に加えて，製品との関連分類を組み合わせることによって，製品を構成している各要素の細目が示せる。したがって，形態別分類と製品との関連による分類，そして両者を組み合わせた分類は，製品原価算定用の最も重要な原価の分類である。

(3) その他の原価分類

1）操業度との関連による分類（変動費と固定費）

原価は上述した形態別分類と製品との関連による分類のほかに，さらに操業度との関連による分類がある。操業度とは「工場の生産能力のうち，何パーセントが使用されているか」を示し，営業量や生産量などが操業度のかわりに使われるケースもある。操業度を基準にすると，原価は操業度が変動しても発生額が常に一定である固定費と，操業度の変動に従って発生額が変化する変動費の2つに分類できる。この分類は利益管理のための短期利益計画や経営意思決定のための差額原価収益分析に有用な情報が提供できる。

2）期間損益計算における収益対応による分類（製品原価と期間原価）

原価には，製造に関連しているので製品別に計算できる製品原価と，販売や管理のために支出されたので1期間を単位として集計する期間原価がある。製

品原価は製品が販売された場合，損益計算書上に売上原価として，製品が月末に在庫されている場合，貸借対照表上に棚卸資産として，それぞれ計上される。他方，販売費及び一般管理費は販売や管理のために生じた原価であり，その支出額と製品への効果との因果関係が明確でないので，全額を1期間内に発生した費用として集計する。期間損益計算において，売上高と販売品の製造原価は収益と製品原価として直接対応されるが，販売費及び一般管理費は期間原価として間接対応される。

3) 管理可能性による分類（管理可能費と管理不能費）

管理可能性による分類によれば，ある階層の管理者によって管理可能か否かによって，原価を管理可能費と管理不能費とに分類できる。この分類は相対的な分類であり，同じ原価項目であっても，ある管理者にとっては管理不能であるが，ほかの管理者にとっては管理可能である場合が存在する。

(4) 非原価項目

非原価項目とは，原価に算入しない項目をいい，先にあげた原価となる要件に関連して，おおむね次のような項目である（「原価計算基準五　非原価項目」より）。

① 経営目的に関連しない価値の減少
② 異常な状態を原因とする価値の減少
③ 税法上とくに認められている損失算入項目
④ その他の利益剰余金に課する項目

設例1-1

以下の費目を直接材料費，間接材料費，直接労務費，間接労務費，直接経費，間接経費に分類しなさい。なお，非原価項目も含まれている。

従業員訓練費	補助材料費	給料	固定資産税	主要材料費
支払利息	工場消耗品費	福利厚生費	長期休止設備の減価償却費	
外注加工賃	火災による材料の焼失	従業員賞与手当	買入部品費	
通信費	水道光熱費	手待賃金	間接工賃金	退職給付費用
棚卸減耗費	法定福利費	直接工賃金（直接作業時間に対する）		

【解答】
直接材料費：主要材料費，買入部品費
間接材料費：工場消耗品費，補助材料費
直接労務費：直接工賃金
間接労務費：給料，従業員賞与手当，手待賃金，間接工賃金，法定福利費，退職給付費用
直 接 経 費：外注加工賃
間 接 経 費：従業員訓練費，固定資産税，福利厚生費，通信費，水道光熱費，棚卸減耗費

【解説】
　支払利息，長期休止設備の減価償却費，火災による材料の焼失は原価ではない（非原価項目）。

3 原価計算の種類

(1) 原価集計の観点による分類

　原価計算の目的について第1節で説明したが，これらの目的を遂行するために原価計算は次第に複雑化していった。原価計算の種類は，原価集計の観点，すなわち方法，時点，範囲の相違から，次の3つに分類できる。
① 原価集計方法別分類——個別原価計算と総合原価計算
② 原価集計時点別分類——実際原価計算と標準原価計算
③ 原価集計範囲別分類——全部原価計算と部分原価計算

　原価集計方法から，原価計算は個別原価計算と総合原価計算に分類できる。前者は個別原価を計算する加算思考で，後者は総合原価を計算した後に割当思考で単位あたりの製品原価を算定していく。この分類を使用するときは，原価計算における製品原価算定目的を重視するときである。

　原価集計時点から，原価計算は実際原価計算と標準原価計算に分類できる。前者は生産が終了した時点で，後者は生産が終了する以前に原価の計算を行う。したがって，事後原価計算と事前原価計算という分類も可能である。標準原価計算は原価管理用であり，実際原価計算の欠陥を補うために工夫された。この分類を使用するときは，原価による業績評価を重視するときである。

　原価集計範囲から，原価計算は全部原価計算と部分原価計算に分類できる。前者は原価要素のすべてを，後者は原価の一部のみを，原価として計算すると

ころに相違点がある。部分原価計算は直接原価計算や差額原価収益分析であり、前者は利益管理用の原価計算、後者は経営意思決定のための原価計算である。部分原価計算は全部原価計算が利益管理や経営意思決定に役立たない欠陥を補うために工夫された。したがって、この分類を使用するときは、原価や利益の差額に注目し、利益による業績評価や経営意思決定における代替案の選択を重視するときである。

(2) 原価集計の継続性による分類
（原価計算制度と特殊原価調査）

原価計算を経常的に実施するのか、それとも必要に応じて非経常的に実施するのかによって、原価計算制度と特殊原価調査に分類できる。

原価計算制度は一般会計と連動した一分枝として原価計算が活用される場合である。わが国の「原価計算基準」は、これを規定している。このとき、原価計算は一般会計に製品原価情報を提供する役割がゆえに、適宜的な計算が求められる。そこで、原価計算期間は1ヶ月に設定される。

他方、特殊原価調査は原価計算制度のように常時継続的に実施されるのではなく、問題が生じたときのみ経営意思決定のために原価計算が活用され、非定型的かつ非経常的に実施される。したがって、原価計算期間における原価の集計ではなく、各代替案やプロジェクトごとに原価の集計が行われる。

4 製品原価算定目的における原価計算のしくみ

一般的に、製品原価算定を目的とした原価計算では、図表1-1のような費目別計算、部門別計算、製品別計算の3段階の手続きによって、原価の集計が行われる。これが原価計算の3段階による原価の計算である。だが、小規模の工場では部門別計算が行われないようなケースもありえるので、原価計算の基本構造は費目別計算と製品別計算から形成されるといえる。

まず、発生した原価は費目別に計算が行われる。同時に、それぞれの費目は直接費と間接費とに区分され、製造直接費と製造間接費とに区分される。この計算段階が費目別計算であり、発生形態別かつ製品との関連別に原価を把握する。

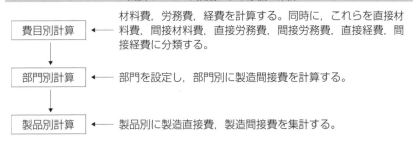

図表1-1　3段階による原価の集計

費目別計算　← 材料費，労務費，経費を計算する。同時に，これらを直接材料費，間接材料費，直接労務費，間接労務費，直接経費，間接経費に分類する。

部門別計算　← 部門を設定し，部門別に製造間接費を計算する。

製品別計算　← 製品別に製造直接費，製造間接費を集計する。

　次に，部門別計算が行われる。製造間接費計算の合理性を高めるためは，工場をいくつかの部門に区切って計算が行われる。このことから，部門を用いた製造間接費の計算段階は，場所別ないしは部門別計算とよばれる。部門は製品原価算定のために製造間接費を直接化するしくみ，業績評価のために責任を明確化する単位として設定される。なお，規模が小さな工場では，部門別計算は通常実施されない。

　最後に，集計した製造直接費と製造間接費を製品別に計算する。各製品の製造直接費は製品に直課される。部門別計算が実施されない場合には，集計された製造間接費が製品に配賦される。また，部門別計算が実施される場合には，部門を通して計算された製造間接費が製品に配賦される。

　このとき，個別受注生産と大量見込生産では，原価計算方式が異なる。前者では製造指図書別に集計した原価がそのまま製品原価となる個別原価計算が，後者では期間（通常1ヶ月）で集計した原価が完成個数で割算されて1単位あたり原価を計算する総合原価計算が，それぞれ用いられる。

復習問題

(問題1)　原価計算は経営においてどのような役割を果たしているのですか。
(問題2)　原価はどのように分類されるのですか。
(問題3)　原価計算はどのように体系づけられるのですか。
(問題4)　原価計算制度とは何ですか。
(問題5)　特殊原価調査とは何ですか。

費目別計算

第 2 章

Key Word

費目別計算　材料費計算　材料購入原価　外部材料副費　内部材料副費
棚卸減耗費　労務費計算　加給金　手待時間　加工時間　支払賃金　消費賃金
経費計算　月割経費　支払経費　測定経費　発生経費　外注加工賃　材料有償支給
材料無償支給

1 費目別計算

　費目別計算は原価計算の第1段階であり，一定期間における原価要素の消費を費目別に分類測定する手続きである。これは，財務会計における形態別分類の費用計算であると同時に，原価計算における製品との関連分類による直接費と間接費に集計する過程でもある。費目別計算は材料費の計算，労務費の計算，経費の計算に分けられる。

2 材料費の計算

　材料費とは「製品の製造に要した物品の消費によって生じる原価」である。工場において購入する物品は主要材料，買入部品，補助材料，工場消耗品，消耗工具器具備品であり，これらが消費される。それはさまざまな観点から分類される。材料費の計算では，形態別分類や製品との関連における分類が重要である。材料費の基本的な分類を示すと，次のとおりである。

① 直接材料費
　　主要材料費（素材費や原料費）
　　買入部品費
② 間接材料費
　　補助材料費（燃料費）
　　工場消耗品費
　　消耗工具器具備品費

材料費計算は材料の購入原価の計算と材料消費額の計算，後者は消費数量の計算と消費価格の計算から構成される。このとき，材料元帳が材料費計算の中心になる。

(1) 材料購入原価の計算

材料の購入にあたっては付随費用（材料副費）が生じるので，購入代価に加算して購入原価（取得原価）を算定する。材料副費には外部材料副費，内部材料副費がある（図表2-1参照）。

　　購入代価 ＋ 材料副費 ＝ 取得原価

　　材料副費 ＝ 外部材料副費 ＋ 内部材料副費

外部材料副費は引取運賃，買入手数料，保険料などであり，仕入先から倉庫に受け入れるまでに生じた費用である。他方，内部材料副費は倉敷料（保管費），検収費，購入事務費などであり，材料を受け入れたのち，工場に払い出すまでに生じた費用である。なお，内部材料副費は，購入代価に加算しないこともできる。

　　原則：取得原価 ＝ 購入代価 ＋ 外部材料副費 ＋ 内部材料副費

　　例外：取得原価 ＝ 購入代価 ＋ 外部材料副費

図表2-1　材料に関する付随費用

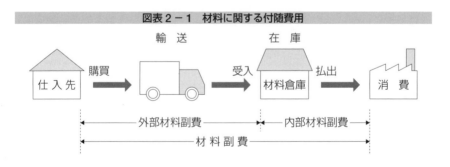

外部材料副費のうち，特定の材料に直接跡づけられない費目は，購入代価や購入数量などを基準に各材料に配賦される。また，内部材料副費については，材料購入予定総額に対する副費発生額などをもとに予定計算される場合もある。

設例2-1

次の資料に基づいて、各問の条件でA および B 材料の取得原価、購入単価を計算しなさい。

資料

A 材料　送り状価格　1,000 円/個　購入数量　1,200 個
B 材料　送り状価格　1,200 円/個　購入数量　2,200 個
外部材料副費：引取運賃A 材料 12,000 円，引取運賃B 材料 8,800 円，買入手数料 6,800 円（A 材料とB 材料を仕入れる際に要した）
内部材料副費：保管費 22,200 円，購入事務費 16,200 円

問1　購入代価に外部材料副費のみを加算した場合のA 材料，B 材料の取得原価，購入単価を計算しなさい。なお，買入手数料は，各材料に購入数量を基準に実際配賦する。

問2　購入代価に外部材料副費と内部材料副費を加算した場合のA 材料，B 材料の取得原価，購入単価を計算しなさい。なお，内部材料副費は，各材料に購入代価を基準に実際配賦する。

解答

問1　A 材料：取得原価 1,214,400 円　購入単価 1,012 円/個
　　　B 材料：取得原価 2,653,200 円　購入単価 1,206 円/個
問2　A 材料：取得原価 1,226,400 円　購入単価 1,022 円/個
　　　B 材料：取得原価 2,679,600 円　購入単価 1,218 円/個

解説

問1　購入代価に外部材料副費のみ加算

$$A 材料の買入手数料：\frac{6,800 円}{1,200 個 + 2,200 個} \times 1,200 個 = 2,400 円$$

$$B 材料の買入手数料：\frac{6,800 円}{1,200 個 + 2,200 個} \times 2,200 個 = 4,400 円$$

問2　購入代価に外部材料副費および内部材料副費を加算（実際配賦率は 0.01）

$$A 材料の内部材料副費：\frac{22,200 円 + 16,200 円}{1,200,000 円 + 2,640,000 円} \times 1,200,000 円$$
$$= 12,000 円$$

$$B 材料の内部材料副費：\frac{22,200 円 + 16,200 円}{1,200,000 円 + 2,640,000 円} \times 2,640,000 円$$
$$= 26,400 円$$

(2) 材料消費額の計算

材料消費額は消費価格×消費数量で計算するが，消費価格は①先入先出法，②移動平均法，③総平均法，消費数量は①継続記録法，②棚卸計算法による。

また，記帳の迅速化や材料の価格変動による原価の変動の除去を図るために，材料の消費価格に予定価格が使用できる。この場合，材料消費価格差異が生じる。

原則として，主要材料，買入部品，補助材料などは払出記録を行うが，工場消耗品，消耗工具器具備品などは払出記録を行わず，原価計算期間（月間）買入額を消費額とする。

(3) 棚卸減耗費の計算

材料の消費数量の計算に継続記録法を採用した場合，帳簿上の在庫数量が明らかになり，実地棚卸数量との比較によって棚卸減耗が把握できる。棚卸減耗により生じた金額を棚卸減耗費という。

帳簿上の期末(月末)在庫数量－期末(月末)実地棚卸数量 ＝ 棚卸減耗量

棚卸減耗量×材料単価 ＝ 棚卸減耗費

設例2-2

次の資料に基づいて，C材料の棚卸減耗費を計算しなさい。なお，材料単価は1,000円である。

資料

| 月初材料棚卸数量 | 123個 | 当月材料仕入数量 | 1,350個 |
| 当月材料消費数量 | 1,000個 | 月末実地棚卸数量 | 470個 |

解答

棚卸減耗費　3,000円

解説

帳簿上の月末在庫数量　123個 ＋ 1,350個 － 1,000個 ＝ 473個

棚卸減耗量　473個 － 470個 ＝ 3個

棚卸減耗費　3個 × 1,000円/個 ＝ 3,000円

3 材料費計算関係の仕訳

原則として，購入時に資産処理する場合と，購入時に費用処理する場合がある。なお，棚卸減耗の正常な発生は原価となるが，異常な発生は営業外費用となる。

▶材料購入時の処理
　　（借）素　　　　　材　　××　　（貸）買　　掛　　金　　××
　　（借）工 場 消 耗 品 費　××　　（貸）現　　　　　金　　××
▶材料消費時の処理
・直接材料費の場合
　　（借）仕　　掛　　品　　××　　（貸）素　　　　　材　　××
・間接材料費の場合
　　（借）製 造 間 接 費　　××　　（貸）工 場 消 耗 品 費　××
▶棚卸減耗費の処理（正常な発生の場合）
　　（借）製 造 間 接 費　　××　　（貸）素　　　　　材　　××
　　　ないしは
　　（借）棚 卸 減 耗 費　　××　　（貸）素　　　　　材　　××
　　（借）製 造 間 接 費　　××　　（貸）棚 卸 減 耗 費　　××

|| 設例2-3 ||

次の資料に基づいて，材料勘定を完成させなさい。なお，A材料，B材料，C材料を使用している。また，材料はすべて掛けで購入しており，AとB材料は購入時資産処理，C材料については購入時費用処理である。日付は省略する。

資　料

1 A材料（主要材料であり，すべて製品のために消費された）
　　月初有高　　　　800 kg　　120円/kg　　　96,000円
　　当月仕入高　　7,000 kg　　110円/kg　　 770,000円
　　当月出庫数量　7,500 kg　　実地棚卸数量　　290 kg
　　消費価格は予定価格（110円/kg）を使用し，実際価格の計算は先入先出法，消費数量の計算は継続記録法を採用している。なお，生じた棚卸減耗は正常なものである。

2 B材料（補助材料）
　月初有高　　100 kg　　88円/kg　　8,800円
　当月仕入高　600 kg　　95円/kg　　57,000円
　実地棚卸数量　50 kg
　消費価格は実際価格を使用し，実際価格の計算は総平均法，消費数量の計算は棚卸計算法を採用している。

3 C材料（工場消耗品）
　当月買入額　100個　80円/kg　8,000円

解答

材　料

前 月 繰 越	104,800	仕 掛 品	825,000
買 掛 金	835,000	製 造 間 接 費	70,200
		材料消費価格差異	8,000
		次 月 繰 越	**36,600**
	939,800		939,800

解説

A材料

（A材料）　　　　　　　　　　材料元帳

日付	受　入			払　出			残　高		
	数量	単価	金額	数量	単価	金額	数量	単価	金額
	800	120	96,000				800	120	96,000
	7,000	110	770,000				7,000	110	770,000
				800	120	96,000			
				6,700	110	737,000	300	110	33,000

棚卸減耗費：(300 kg − 290 kg) × 110円/kg = 1,100円（製造間接費）
A材料予定消費高：7,500 kg × 110円/kg = 825,000円（仕掛品）
A材料実際消費高：96,000円 + 737,000円 = 833,000円（A材料　材料元帳より）
A材料消費価格差異：825,000円 − 833,000円 = −8,000円（不利差異）

B材料
　実際消費価格：(8,800円 + 57,000円) ÷ (100 kg + 600 kg) = 94円/kg
　実際消費数量：100 kg + 600 kg − 50 kg = 650 kg
　実際消費高：650 kg × 94円/kg = 61,100円（製造間接費）

製造間接費
　B材料消費高61,100円＋C材料買入高8,000円＋棚卸減耗費1,100円
　　＝70,200円
前月繰越高
　A材料96,000円＋B材料8,800円＝104,800円
当月仕入高（買掛金）
　A材料770,000円＋B材料57,000円＋C材料8,000円＝835,000円
次月繰越高
　A材料31,900円＋B材料4,700円＝36,600円

4 労務費の計算

　労務費とは「製品の製造に要した労働力の消費によって生じる原価」である。労務費は，下記のように支払面および消費面から分類できる。

① 支払面からみた労務費の分類（形態別分類）
　1) 賃金　　　　4) 従業員賞与手当
　2) 給料　　　　5) 退職給付費用
　3) 雑給　　　　6) 法定福利費（社会保険料の会社負担額など）

② 消費面からみた労務費の分類（製品との関連による分類）
　直接労務費　直接工の直接賃金
　間接労務費　直接工の間接賃金，直接工の手待賃金
　　　　　　　間接工の間接賃金
　　　　　　　給料，雑給，従業員賞与手当，退職給付費用，法定福利費

(1) 賃金給料の計算

1) 直接工の賃金

　直接工の賃金は賃率×作業時間で計算される。賃率は，直接工の賃金÷直接工の就業時間で計算し，作業時間については作業時間票などによって，図表2-2のとおりに把握した時間を使用する。

図表2－2　直接工作業時間の構成内容

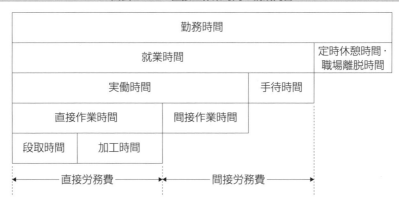

2) 間接工の賃金,工場管理者・事務職員の給料,臨時雇の雑給

　間接工の消費賃金，工場管理者・事務職員の給料，臨時雇の雑給は要支払額とし，当月支払高－前月未払高＋当月未払高で計算する。

設例2－4

次の資料に基づき，各問いに答えなさい。

【資料】

1　直接工の賃金データ
　① 給与計算票の内訳（平成×年6月26日から7月25日まで）
　② 直接工に関する作業時間票および出勤票の内訳

① 給与計算票

	直接工
基　本　給	1,626,000 円
加　給　金	175,200
計	1,801,200 円
所　得　税	189,000
社会保険料	153,000
差　引	1,459,200 円

② 作業時間票および出勤票

	6月26～30日	7月1～25日	7月26～31日
就 業 時 間	97時間	610時間	95時間
加 工 時 間	52時間	390時間	55時間
段 取 時 間	20時間	95時間	20時間
間接作業時間	25時間	125時間	20時間

③ 年間の賃金に関するデータは，以下のとおりである。なお，直接工の未払賃金は予定賃率で計算する。

年間基本給予算額　　19,500,000 円　　年間加給金予算額　　2,100,000 円
年間総就業予定時間　　8,640 時間

2　間接工および工場事務職員，工場管理者の給料データ

	間接工	工場事務職員	工場管理者
前月未払高	30,000 円	12,000 円	40,000 円
当月支払高	250,000 円	150,000 円	360,000 円
当月未払高	20,000 円	15,000 円	40,000 円

3　その他の計算条件
・直接工の労務費は予定平均賃率で計算している。

問1　予定賃率を求めなさい。
問2　直接労務費，間接労務費を求めなさい（予定消費高）。
問3　賃率差異を求めなさい（有利差異か不利差異かを明示すること）。

【解答】

問1　予定賃率：2,500 円/時
問2　直接労務費：1,400,000 円，間接労務費　1,115,500 円
問3　賃率差異：33,700 円（不利差異）

【解説】

予定賃率：(19,500,000 円 + 2,100,000 円) ÷ 8,640 時間 = 2,500 円/時
　賃金の計算は基本賃金＋加給金で計算する。諸手当は含まない。
前月未払高：直接工　97 時間 × 2,500 円/時 = 242,500 円
　　　　　　間接工他 30,000 円 + 12,000 円 + 40,000 円 = 82,000 円
直接労務費：(390 時間 + 95 時間 + 55 時間 + 20 時間) × 2,500 円/時
　　　　　　= 1,400,000 円
間接労務費：(125 時間 + 20 時間) × 2,500 円/時 = 362,500 円（直接工）
　　　　　　250,000 円 − 30,000 円 + 20,000 円 = 240,000 円（間接工）
　　　　　　150,000 円 − 12,000 円 + 15,000 円 = 153,000 円（工場事務職員）
　　　　　　360,000 円 − 40,000 円 + 40,000 円 = 360,000 円（工場管理者）
当月未払高：直接工　95 時間 × 2,500 円/時 = 237,500 円
　　　　　　間接工他 20,000 円 + 15,000 円 + 40,000 円 = 75,000 円

実際労務費：直接工 （1,626,000円 + 175,200円）− 242,500円 + 237,500円
　　　　　　　＝ 1,796,200円
賃率差異：(1,400,000円 + 362,500円) − 1,796,200円 = − 33,700円（不利差異）

5 労務費計算関係の仕訳

　労務費の計算は労働力の購入（支払）と消費が分けて行われるので，賃金勘定（場合によっては，賃金・給料勘定）の借方には支払が記入され，貸方には消費が記入される。また，未払賃金勘定が用いられる場合には，前月未払高や当月未払高は当該勘定において前月繰越高，次月繰越高として生じる。

▶労働力購入の処理
　　（借）賃　　　　金　　×× 　　（貸）当 座 預 金　　××
・源泉徴収が行われる場合
　　（借）賃　　　　金　　×× 　　（貸）預 　り 　金　　××
　　　　　　　　　　　　　　　　　　　　当 座 預 金　　××
・従業員賞与手当が支払われる場合
　　（借）賃　　　　金　　×× 　　（貸）預 　り 　金　　××
　　　　　従業員賞与手当　××　　　　　当 座 預 金　　××
▶労働力消費の処理
・直接労務費の場合
　　（借）仕　　掛　　品　　×× 　　（貸）賃　　　　　金　　××
・間接労務費の場合
　　（借）製 造 間 接 費　　×× 　　（貸）賃　　　　　金　　××
▶従業員賞与手当の処理
　　（借）製 造 間 接 費　　×× 　　（貸）従業員賞与手当　　××
▶退職金の積み立て
　　（借）退 職 給 付 費 用　　×× 　　（貸）退職給付引当金　　××
▶未払賃金の処理（賃金勘定と未払賃金勘定を用いる）
・月初における未払賃金勘定から賃金勘定への前月未払高の振替
　　（借）未 払 賃 金　　×× 　　（貸）賃　　　　　金　　××

- 月末における賃金勘定から未払賃金勘定への当月未払高の振替
  (借) 賃　　　金　×× 　　(貸) 未 払 賃 金　××

設例2-5

次の取引に基づいて，仕訳を行い，未払賃金勘定と賃金勘定を作成しなさい。

〔4月中の取引〕
- 4/ 1　賃金の前月未払額は850,000円であった。なお，その内訳は直接工500,000円，間接工350,000円であった。
- 25　当月賃金額8,600,000円を現金で支払った。なお，その内訳は直接工6,100,000円，間接工2,500,000円であった。
- 30　直接工の直接作業時間2,200時間，間接作業時間210時間であり，1時間あたりの予定消費賃率は2,500円である。
- 〃　賃金の当月未払額は620,000円であった。なお，その内訳は直接工450,000円，間接工170,000円であった。また，差異額を賃率差異勘定へ振り替えた。

解答

4/ 1	(借)	未 払 賃 金	850,000	(貸)	賃　　金	850,000
25	(借)	賃　　金	8,600,000	(貸)	現　　金	8,600,000
30	(借)	仕 掛 品	5,500,000	(貸)	賃　　金	6,025,000
		製 造 間 接 費	525,000			
〃	(借)	製 造 間 接 費	2,320,000	(貸)	賃　　金	2,320,000
		賃　　金	620,000		未 払 賃 金	620,000
		賃 率 差 異	25,000		賃　　金	25,000

未払賃金

4/1	賃　　金	850,000	4/1	前 月 繰 越	850,000
30	次 月 繰 越	**620,000**	30	賃　　金	620,000
		1,470,000			1,470,000

賃　金

4/25	現　　　金	8,600,000	4/1	未　払　賃　金	850,000
30	未　払　賃　金	620,000	30	仕　掛　品	5,500,000
			〃	製　造　間　接　費	525,000
			〃	製　造　間　接　費	2,320,000
			〃	賃　率　差　異	25,000
		9,220,000			9,220,000

【解説】
　　直接工の予定消費賃金
　　　　直接労務費の計算：2,200時間 × 2,500円/時 ＝ 5,500,000円
　　　　間接労務費の計算：210時間 × 2,500円/時 ＝ 525,000円
　　　　予定消費賃金の計算：5,500,000円 ＋ 525,000円 ＝ 6,025,000円
　　直接工実際消費賃金の計算
　　　　6,100,000円 － 500,000円 ＋ 450,000円 ＝ 6,050,000円
　　間接工実際消費賃金の計算
　　　　2,500,000円 － 350,000円 ＋ 170,000円 ＝ 2,320,000円
　　賃率差異の計算
　　　　6,025,000円 － 6,050,000円 ＝ － 25,000円（不利差異）

6 経費の計算

(1) 経費とは

　経費とは「材料費，労務費以外に生じる原価」である。経費は，一定単位の製品に直接跡づけできるか否かにより直接経費と間接経費とに区分できる。一定単位の製品に直接跡づけできる経費は，直接経費とよばれるが，直接経費として把握できるものは経費のなかでもごく限られたものである。直接経費の例は，次のとおりである。

　外注加工賃，特許権使用料（製品の生産量に基づいて使用料を払う契約の場合），設計費，仕損費など。

　これに対し，間接経費として把握される項目は非常に多く，たとえば，次のようなものがあげられる。

　福利厚生費，減価償却費，賃借料，保険料，修繕料，電力料，ガス代，水道

料，旅費交通費，租税公課，通信費，保管料，棚卸減耗費，雑費，従業員募集費など。

経費は，その把握方法の違いにより，①支払経費，②月割経費，③測定経費，④発生経費の4つに分類される。

① 支払経費：外注加工費，特許権使用料，福利厚生費，修繕料，通信費，旅費交通費，雑費，従業員募集費
② 月割経費：減価償却費，賃借料，保険料，租税公課，保管料
③ 測定経費：電力料，ガス代，水道料
④ 発生経費：棚卸減耗費

(2) 経費にかかわる仕訳

経費の仕訳には，経費の諸勘定を用いる場合，用いない場合，経費勘定を用いる場合がある。たとえば，減価償却費を例示すると，以下のとおりである。

減価償却費を経費として処理する。

▶経費の諸勘定を用いる場合

(借) 減 価 償 却 費　××　　(貸) 減価償却累計額　××
(借) 製 造 間 接 費　××　　(貸) 減 価 償 却 費　××

経費の諸勘定として減価償却費勘定を設け，この費目は間接経費なので，製造間接費勘定へ振り替える。

▶経費の諸勘定を用いない場合

(借) 製 造 間 接 費　××　　(貸) 減価償却累計額　××

経費の諸勘定を設けない場合，減価償却費は間接経費であるので，ただちに製造間接費勘定で処理する

▶経費勘定を用いる場合

(借) 経　　　　　費　××　　(貸) 減価償却累計額　××
(借) 製 造 間 接 費　××　　(貸) 経　　　　　費　××

経費勘定を用いる場合，すべての経費は経費勘定で処理するので，減価償却費を経費として処理し，その後，減価償却費は間接経費なので，製造間接費勘定へ振り替える。

設例2-6

次の取引の仕訳を行いなさい。ただし，経費の諸勘定を用いない場合の処理を行うこと。

1 減価償却費の当月発生高を計上した。減価償却費は年額300,000円であった。

2 当月の修繕費は89,500円である。なお，修繕費については修繕引当金100,000円が設定してある。

3 当月の電力料を使用メーターで測定したところ，その額は47,200円であった。

4 事務用消耗品の当月購入高は59,000円であり，消耗品は購入時に費用計上しており，代金は現金で支払った。

5 支払請求書によって集計された特定製品に対する特許権使用料は55,000円であった。

6 出張旅費30,000円を小切手で支払った。

7 保険料の年間額は360,000円であり，当月分を計上した。なお，保険料は前払いされている。

解答

1	(借)	製造間接費	25,000	(貸)	減価償却累計額	25,000
2	(借)	製造間接費	89,500	(貸)	修繕引当金	89,500
3	(借)	製造間接費	47,200	(貸)	未払金	47,200
4	(借)	製造間接費	59,000	(貸)	現金	59,000
5	(借)	仕掛品	55,000	(貸)	未払金	55,000
6	(借)	製造間接費	30,000	(貸)	当座預金	30,000
7	(借)	製造間接費	30,000	(貸)	前払保険料	30,000

解説

経費の仕訳には経費の諸勘定を用いない場合で処理する。そこで，生じた経費を，直接経費ならば仕掛品勘定，間接経費ならば製造間接費勘定で処理する。

たとえば，1では減価償却費を経費として計上する際（経費の諸勘定を用いると，（借）減価償却費××（貸）減価償却累計額××，（借）製造間接費××（貸）減価償却累計額××であるが），借方の減価償却費は間接経費なので，製造間接費として処理する。

7 外注加工賃の処理

(1) 外注加工賃とは

　製品の製造工程の一部を自工場で行わずに，ほかの加工業者に委託する場合がある。これを外注加工とよぶ。材料を業者に引き渡し（無償ないしは有償），これを部品に加工してもらい，その加工代金（外注加工賃）を支払う。この処理は直接経費として処理する場合と，部品として処理する場合がある（図表2-3を参照）。

　受入加工品をただちに製造現場に引き渡す場合には直接経費として処理し，部品としていったん倉庫に納入する場合には部品（資産）として処理する。

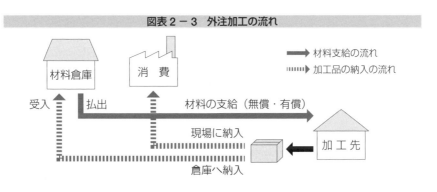

図表2-3　外注加工の流れ

1）　材料無償支給
▶直接経費として処理する場合（現場に直接納入する場合）

　部品Aの外注加工のために材料を出庫し，加工業者Aに無償で支給した。
（借）仕　掛　品　　××　　（貸）材　　　料　　××

　上記材料について，加工が終わり下請業者Aより受け入れ，外注加工部品を製造現場に引き渡した。なお，外注加工賃は月末に支払われる。
（借）外　注　加　工　賃　　××　　（貸）買　掛　金　　××
（借）仕　掛　品　　××　　（貸）外　注　加　工　賃　　××

▶部品原価として処理する場合(倉庫に納入する場合)

部品Aの外注加工のために材料を出庫し,加工業者Aに無償で支給した。
仕 訳 な し
上記材料について,加工が終わり加工業者Aより外注加工部品を受け入れ,部品として倉庫に受け入れた。なお,外注加工賃は月末に支払われる。

(借) 外 注 加 工 賃	××	(貸) 買 掛 金	××
(借) 部　　　　品	××	(貸) 材　　　　料	××
		外 注 加 工 賃	××

設例2－7

次の外注加工に関する取引の仕訳をしなさい。

1 材料400個,500円/個を掛けで仕入れた。

2 部品Aの外注加工のために,上記材料のうち350個を出庫し,加工業者に無償で支給した。

3 本日,加工業者より部品Aを受け入れ,製造現場に引き渡した。なお,1個あたりの外注加工賃は1,500円であり,代金は月末に支払う。

4 かつて300個,120円/個で仕入れた材料すべてを無償で支給した加工業者から,部品Eが倉庫に納入された。なお,1個あたりの外注加工賃は2,000円であり,月末に支払う。

解 答

1	(借) 材　　　料	200,000	(貸) 買　掛　金	200,000
2	(借) 仕　掛　品	175,000	(貸) 材　　　料	175,000
3	(借) 外 注 加 工 賃	525,000	(貸) 買　掛　金	525,000
	(借) 仕　掛　品	525,000	(貸) 外 注 加 工 賃	525,000
4	(借) 外 注 加 工 賃	600,000	(貸) 買　掛　金	600,000
	(借) 部　　　品	636,000	(貸) 材　　　料	36,000
			外 注 加 工 賃	600,000

解説

 2, 3は材料無償支給, 加工品の現場納入のケースである。材料支給時に材料出庫の仕訳を行い, 加工品納入時には支払う外注加工賃を直接経費として処理する。
 4は材料無償支給, 加工品を部品としていったん倉庫に納入するケースである。
 この場合には材料と外注加工賃の合計を部品(資産)として処理する。最終的に倉庫に納入するので, 材料支給時には処理をしない。加工品が倉庫に納入された際に支払う外注加工賃と共に出庫した材料を部品原価として処理する。

2) 材料有償支給

　加工業者に加工する材料をいったん売却し, 加工の終了した部品の外注加工賃を支払って, 部品原価として計上する。材料の受け渡しや加工賃に支払に対しては人名勘定(下記ではA社)を用いて, 債権・債務の発生・消滅を処理する。また, 有償で材料を支給する場合には, 協定価格を用いる。協定価格が材料払出価格を上回ったとき, 交付材料差益が生じる。これは未実現利益なので, 部品原価から控除する。

▶材料を加工業者A社に対し, 協定価格で有償支給した。
　(借) A　　社　　××　(貸) 材　　料　　××
▶A社から部品(すべて良品)が納入された。
　(借) 部　　品　　××　(貸) A　　社　　××
▶A社に対し, 支給価額と受入価格との差額のすべてを現金で支払った。
　(借) A　　社　　××　(貸) 現　　金　　××
▶支給材料に対する原価と協定価格との差額を交付材料差益として計上した。
　(借) 材　　料　　××　(貸) 交付材料差益　××
▶交付材料差益を部品勘定に振り替えた。
　(借) 交付材料差益　××　(貸) 部　　品　　××

設例2−8

　次の取引に関する仕訳を示しなさい。なお, S社に対する債権・債務については人名勘定(S社)を用いて処理をしている。
1 材料350個, 200円/個を掛けで仕入れた。

2 上記材料のすべてを加工業者S社に，協定価格250円/個で有償支給した。

3 S社から部品350個が納入された（すべて良品）。なお，受入価格は600円/個であった。

4 S社に対して，支給価額と受入価格との間に生じた差額のすべてを現金で支払った。

5 支給材料に対する原価と協定価格との差額を交付材料差益として計上した。

6 交付材料差益を部品勘定に振り替えた。

【解答】

1	(借)	材	料	70,000	(貸)	買　掛　金	70,000
2	(借)	S	社	87,500	(貸)	材　　料	87,500
3	(借)	部	品	210,000	(貸)	S　　社	210,000
4	(借)	A	社	122,500	(貸)	現　　金	122,500
5	(借)	材	料	17,500	(貸)	交付材料差益	17,500
6	(借)	交付材料差益		17,500	(貸)	部　　品	17,500

【解説】

　2は材料を有償支給したときの仕訳であり，協定価格で処理し，S社への債権とする。3は本来支払うべき外注加工賃であり，これを部品として処理し，S社への債務とする。4はS社への債権と債務の相殺を行い，生じた債務の支払いを行う。5では協定価格（250円/個）と材料払出価格（200円/個）とに差が生じており，交付材料差益が発生する。6において，生じた交付材料差益を部品原価から控除する。もし，協定価格と材料払出価格の間に差が生じない場合には5および6の仕訳は行わない。

【復習問題】

(問題1) 費目別計算とは，どのような計算段階ですか。
(問題2) 材料費計算のポイントは何ですか。
(問題3) 労務費計算のポイントは何ですか。
(問題4) 経費計算のポイントは何ですか。

製造間接費と部門費計算　第3章

Key Word

製造間接費計算　部門費計算　配賦基準の選択　実際配賦　予定配賦　固定予算
変動予算　公式法変動予算　実査法変動予算　予算差異と操業度差異　単一基準配賦法
直接配賦法　階梯式配賦法　相互配賦法（連立方程式法）　複数基準配賦法

1　製造間接費計算

(1) 製造間接費の配賦と配賦基準

　製造間接費（間接材料費，間接労務費，間接経費）は，複数の製品間に共通的に発生した原価要素であり，特定の製品に直接跡づけられない。そこで，次のような基準を用いて各製品に配賦する。

① 金額基準
  1）直接材料費基準
  2）直接労務費基準
  3）素価基準

② 物量基準
  1）生産量基準
  2）直接作業時間基準
  3）機械運転時間基準

※製造間接費計算では実際発生額で算定した実際配賦率を使用する実際配賦と予定発生額で算定した予定配賦率を使用する予定配賦がある。

(2) 製造間接費の実際配賦と予定配賦

　製造間接費実際配賦では，実際発生額で実際配賦率を算定し，実際配賦率×実際配賦基準値で実際配賦額を計算する。その算式は，次のとおりである。

$$製造間接費実際配賦率 = \frac{製造間接費実際発生額合計}{実際配賦基準値合計}$$

$$製造間接費実際配賦額 = 製造間接費実際配賦率 \times 各製品の実際配賦基準値$$

　製造間接費を実際発生額で配賦すると，次の2つの不都合が生じる。

① 計算が遅延する。
② 製品の単位原価が操業度の変動により著しく変化する。

このような製造間接費の実際配賦による不都合を是正するために，予定配賦率を用いた予定配賦が行われる。

製造間接費予定配賦では，予定発生額で予定配賦率を算定し，予定配賦率×実際配賦基準値で予定配賦額を計算する。その算式は，次のとおりである。

$$製造間接費予定配賦率 = \frac{製造間接費予定発生額合計}{予定配賦基準値合計}$$

$$製造間接費予定配賦額 = 製造間接費予定配賦率 \times 各製品の実際配賦基準値$$

(3) 固定予算と変動予算（公式法, 実査法）

製造間接費予定配賦には，製造間接費予算が使われる。予算の設定法としては，製造間接費は期間中変動しないことを前提とした固定予算，操業度の変動とともに金額が変動していくことを前提とした変動予算がある。なお，変動予算には，公式法と実査法がある。前者は予定される操業圏内で $y = ax + b$ で示される予算である。他方，後者は一定の間隔で各操業度に対する予算を設定する方法である。

(4) 製造間接費配賦差異の分析

製造間接費を予定配賦した場合，製造間接費配賦差異が生じる。この差異は製造間接費の予定配賦額と実際発生額との差額であり，予算差異と操業度差異に分けられる。予算差異は設定した予算額と製造間接費実際発生額との間に生じ，予算の有効性を示す指標となる。他方，操業度差異は基準操業度と実際操業度の間に生じ，配賦漏れ（固定予算の場合には製造間接費，変動予算の場合には固定費）を示す。なお，予算額から実際発生額を引き算する場合，マイナス（−）の結果は「予算額＜実際額」であり，不利差異を示し，プラス（＋）の結果は「予算額＞実際発生額」であり，有利差異を示す。

1) 固定予算による製造間接費差異分析

　固定予算では，操業度の変化に対して製造間接費は不変であるという前提のもとに製造間接費予算が編成される。製造間接費の大部分が建物や機械の減価償却費などの固定費から構成されている場合には，有効な予算である。

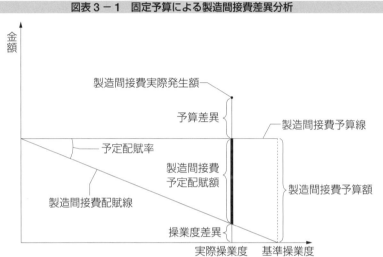

図表3－1　固定予算による製造間接費差異分析

　固定予算において，製造間接費予定配賦額と製造間接費実際発生額との差である製造間接費差異は，図表3-1のように予算差異と操業度差異に分解できる。

　予算差異は固定予算では製造間接費予算は一定額なので，次の式で算定できる。

　　予算差異 ＝ 製造間接費予算額 － 製造間接費実際発生額

　また，基準操業度（基準時間）に基づいて予算が編成されているにもかかわらず，予定配賦額の計算は予定配賦率に実際操業度（実際時間）を掛け算するので，配賦過不足が生じる。これが操業度差異であり，次の式で算定できる。

　　操業度差異 ＝（実際操業度 － 基準操業度）× 予定配賦率

2） 公式法変動予算における製造間接費差異分析

公式法変動予算は $y = ax + b$ の公式で，製造間接費予算が編成される。この式において，a は変動費率，x は実際時間，b は固定費額，したがって y は製造間接費予算額となる。

公式法変動予算において，製造間接費予定配賦額と製造間接費実際発生額との差である製造間接費差異は，図表3-2のように予算差異と操業度差異が生じる。

公式法変動予算では，製造間接費予算は $ax + b$ で算定するので，予算差異は次の式で算定できる。

　予算差異 ＝（変動費率×実際操業度 ＋ 固定費額）− 製造間接費実際発生額

また，基準操業度に基づいて予算が編成されているにもかかわらず，配賦計算に使用したのは実際時間であるので，配賦過不足が生じる。これが操業度差異であり，次の式で算定できる。なお，固定予算とは違い，製造間接費予算は変動費と固定費から構成されるが，操業度差異は固定費からしか生じない。そこで，操業度差異は実際操業度と基準操業度の差に固定費率を乗じて算定する。

　操業度差異 ＝（実際操業度 − 基準操業度）× 固定費率

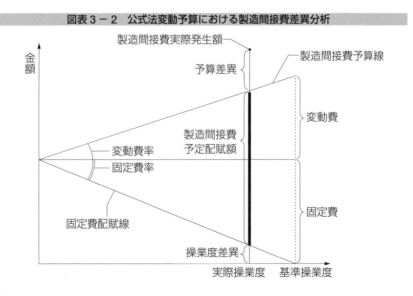

図表3-2　公式法変動予算における製造間接費差異分析

3) 実査法変動予算における製造間接費差異分析

実査法変動予算とは基準操業度を基準として，予想される操業度を一定間隔に設け，各操業度に対応する複数の製造間接費予算を事前に算定する予算である。

製造間接費予算総額は固定予算や公式法変動予算のように，本来は直線的に推移しないのが通常である。こうした実状を考慮する場合には，実査法変動予算が用いられる。実査法変動予算表は，たとえば図表3-3「実査法変動予算」のとおりである。

図表3-3 実査法変動予算

製造間接費実査法変動予算　　　　　　　　（単位：円）

操業度 費目	80% 800 時間	90% 900 時間	100% 1,000 時間	110% 1,100 時間	120% 1,200 時間
補助材料費	332,000	452,000	270,000	493,000	426,000
工場消耗品費	160,000	180,000	200,000	220,000	240,000
火災保険料	12,000	12,000	12,000	12,000	12,000
その他雑費	65,000	38,000	90,000	150,000	120,000
合　計	1,120,000	1,350,000	1,800,000	1,760,000	2,040,000

実査法変動予算において，製造間接費予定配賦額と製造間接費実際発生額との差である製造間接費差異は，図表3-4のように予算差異と操業度差異が生じる。

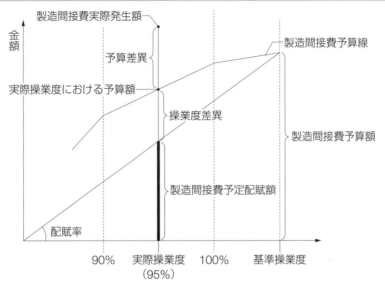

図表3－4　実査法変動予算における製造間接費差異分析

予算差異は，実際操業度（実際時間）における予算額を算定し，これと製造間接費実際発生額を比較して算定する。この式は，次のとおりである。

　　予算差異 ＝ 実際操業度における予算額 － 製造間接費実際発生額

もし，実際操業度が事前に設定した操業度と一致しない場合には，設定された実際操業度直前の操業度（図では90％）の予算額と，直前の操業度から実際操業度（図では95％）までの予算額（5％分の予算額）を計算して合計する。この場合，補間法を用いて計算を行う。直前の操業度から実際操業度までの予算額は，次のような手順で算定される。

まず，実際操業度直前の操業度から実際操業度までの変化率（補間率）を計算する。

$$補間率 = \frac{実際操業度直後の操業度の予算額 － 実際操業度直前の操業度の予算額}{実際操業度直後の操業度 － 実際操業度直前の操業度}$$

その後，実際操業度直前の操業度から実際操業度までの予算額を計算する。

$$\begin{pmatrix} 実際操業度直前の操業度から \\ 実際操業度までの予算額 \end{pmatrix} = 補間率 \times \begin{pmatrix} 実際 \\ 操業度 \end{pmatrix} － \begin{pmatrix} 実際操業度 \\ 直前の操業度 \end{pmatrix}$$

最後に，実際操業度における予算額を計算する。

実際操業度に　＝　実際操業度直前の　＋　実際操業度直前の操業度から
おける予算額　　　操業度の予算額　　　実際操業度までの予算額

操業度差異は，予定配賦額と実際操業度の予算額を比較して算定される。この式は，次のとおりである。

操業度差異 ＝ 製造間接費予定配賦額 － 実際操業度における予算額

設例3－1

次の資料に基づいて，予定配賦率，予定配賦額を計算しなさい。さらに，生じた配賦総差異を予算差異と操業度差異に分析しなさい。なお，実査法変動予算を採用している。

資料

1 年間の正常操業度　12,000時間

2 製造間接費予算額（月間）

製造間接費実査法変動予算　　　　　　　（単位：円）

操業度 費目	80% 800時間	90% 900時間	100% 1,000時間	110% 1,100時間	120% 1,200時間
補助材料費	332,000	452,000	270,000	493,000	426,000
〜〜〜	〜〜〜	〜〜〜	〜〜〜	〜〜〜	〜〜〜
火災保険料	12,000	12,000	12,000	12,000	12,000
合　計	880,000	990,000	1,200,000	1,320,000	1,560,000

3 当月の実際作業時間　980時間

4 当月の製造間接費実際発生額　1,210,000円

解答　解説

予定配賦率　1,200円/時 ＝ 1,200,000円 ÷ 1,000時間
予定配賦額　1,176,000円 ＝ 1,200円/時 × 980時間
総差異　　　34,000円（不利差異）　1,176,000円 － 1,210,000円 ＝ － 34,000円
予算差異　　52,000円（不利差異）　1,158,000円 － 1,210,000円 ＝ － 52,000円
操業度差異　18,000円（有利差異）　1,176,000円 － 1,158,000円 ＝ 18,000円

$$補間率 = \frac{実際操業度直後の操業度の予算額\ 1,200,000円 - 実際操業度直前の操業度の予算額\ 990,000円}{実際操業度直後の操業度\ 1,000時間 - 実際操業度直前の操業度\ 900時間}$$

$$= 2,100円/時$$

直前の操業度から実際操業度までの予算額＝補間率2,100円/時×（実際操業度980時間－実際操業度直前の操業度900時間）＝168,000円

実際操業度における予算額＝実際操業度直前の操業度の予算額990,000円＋直前の操業度から実際操業度までの予算額168,000円＝1,158,000円

(5) 製造間接費に関する仕訳

製造間接費は製造間接費勘定で集計される。その後，製造間接費勘定に集計された製造間接費は製品へと配賦される。製造間接費を予定配賦する場合には，製品への配賦時に予定額で配賦される。

▶製造間接費の集計（実際額）

（借）製 造 間 接 費　××　　（貸）材　　　　　料　××
　　　　　　　　　　　　　　　　　　賃　　　　　金　××
　　　　　　　　　　　　　　　　　　経　　　　　費　××

▶製造間接費の製品への配賦（予定額）

（借）仕　掛　品　××　　（貸）製 造 間 接 費　××

▶製造間接費配賦差異の発生

不利差異

（借）製造間接費配賦差異　××　　（貸）製 造 間 接 費　××

有利差異

（借）製 造 間 接 費　××　　（貸）製造間接費配賦差異　××

2 部門費計算

(1) 部門費計算の意義と目的

第1の計算段階である費目別計算によって，材料費，労務費，経費は製造直接費と製造間接費に分類集計される。部門別計算は費目別に計算された原価要

素のうち，原則的には製造間接費を原価発生場所別，すなわち部門別に集計する手続きである。工場全体で発生した製造間接費を一括して各製品に配賦すると，必ずしも製造間接費の発生と比例した配賦基準が選択できないので，正しい製造間接費配賦額が計算できない。通常，部門別計算は，次の2つの目的のために実施される。

① 製品原価の合理的な計算
② 原価管理

部門の設定によって，小さな計算単位で製造間接費を集計するので，一括して1つの配賦基準で製品に配賦するよりも手数は要するが，精緻な配賦が可能になる。

ここで，（原価）部門とは原価を集計する計算組織上の区分を意味し，製造部門と補助部門に大別できる。前者は製品の製造に直接従事する部門，後者は製造部門あるいはほかの補助部門に用役（サービス）を提供する部門である。さらに，補助部門は製品の製造には直接従事しないが，製造部門に直接用役を提供する補助経営部門と製品の製造には直接従事しない工場管理部門に分類される。

(2) 部門別計算の手続き

1） 部門費の第1次集計

費目別計算で把握された製造間接費は，部門別計算を行う場合，発生場所である製造部門と補助部門に分類集計される。このとき，各原価部門単位に固有に認識され，直接跡づけ可能な部門個別費と，各原価部門単位に共通に認識され，直接跡づけできない部門共通費がある。部門個別費はその発生額を当該部門に直課し，部門共通費はその発生額を適切な配賦基準により関係部門に配賦する必要がある。このように，発生した製造間接費を各部門に割当てる計算手続を部門費の第1次集計といい，部門費集計表が用いられる。これにより，製造部門費と補助部門費が算定される。

2） 部門費の第2次集計

第1次集計で補助部門に集計された補助部門費は，補助部門自体が直接製品

の通過する部門ではないので，製品に直接配賦するのは困難である。そのため，適切な配賦基準に基づいて製造部門に配賦しなければならない。この計算手続を部門費の第2次集計という。

補助部門費を製造部門に配賦する際には，配賦方法として単一基準配賦法か，複数基準配賦法か，さらに直接配賦法，階梯式配賦法，相互配賦法の各方法のいずれかを選択する。単一基準配賦法，複数基準配賦法は，補助部門費における変動費と固定費をいかに取り扱うかの区分であり，直接配賦法，階梯式配賦法，相互配賦法は，補助部門間の用役のやり取りをいかに考慮するかの区分である。

① 単一基準配賦法による補助部門費の製造部門への配賦
- 直接配賦法

直接配賦法は補助部門間の用役のやり取りを無視する方法であり，補助部門費を製造部門のみに配賦する。補助部門相互間の用役の授受を無視するので，正確性に欠ける。

- 階梯式配賦法

階梯式配賦法は補助部門間の用役のやり取りを一部考慮する方法である。直接配賦法のように，補助部門間の用役のやり取りをすべて無視せずに，順位づけを行って優先順位が高い補助部門ほど用役のやり取りを考慮する方法である。補助部門の順位づけにあたっては，いかに多くの他部門に用役を提供しているかを基準とする。しかし，用役提供数が同数の場合は，第1次集計額が多い方を上位とする。補助部門費配賦表を作成する際，先順位の補助部門から，順に右から左へ記入する。

設例3-2

次の資料に基づいて，階梯式配賦法によって補助部門費を配賦し，各製造部門の費用を計算しなさい。

資料

1 部門費（部門個別費＋部門共通費配賦額）

切削部門	組立部門	修繕部	動力部	工場事務部
160,000 円	250,000 円	80,000 円	50,000 円	100,000 円

2 配賦に必要なデータは次のとおりである。

補助部門	配賦基準	切削部	組立部	修繕部	動力部	工場事務部
修 繕 部	修繕時間	20 時間	14 時間	－	10 時間	－
動 力 部	動力供給量	1,300 kwh	1,200 kwh	1,000 kwh	－	－
工場事務部	従業員数	35 人	45 人	12 人	8 人	3 人

解答

（階梯式配賦法）　　　　　　　　補助部門費配賦表　　　　　　　　（単位：円）

費　目	合計	製造部門		補助部門		
		切削部門	組立部門	動力部	修繕部	工場事務部
部　門　費	640,000	160,000	250,000	50,000	80,000	100,000
工場事務部費	100,000	35,000	45,000	12,000	8,000	
修 繕 部 費	88,000	40,000	28,000	20,000	88,000	
動 力 部 費	82,000	42,640	39,360	82,000		
合　　計	640,000	277,640	362,360			

解説

補助部門の順位づけは，より多くの他部門にサービスを提供している工場事務部が第1順位である。動力部と修繕部はサービスの提供先数が同数なので，第1次集計額の多い修繕部を第2順位とする。そこで，補助部門費配賦表では右から左へ工場事務部，修繕部，動力部の順で並べる。

- 相互配賦法（連立方程式法）

　相互配賦法は補助部門間の用役のやり取りを考慮する方法である。さらに，相互配賦法はその考慮の仕方により，簡便法としての相互配賦法，純粋相互配賦法（連続配賦法，連立方程式法）がある。ここでは，連立方程式法を取り上げる。

　相互配賦法は補助部門間の用役のやり取りを考慮するので，各部門には他部門から繰り返し配賦が行われる。そこで，連立方程式を立てて，最終

的に各補助部門に集計される補助部門費を計算し，これを相互配賦する方法が連立方程式法である。

設例3-3

次の資料に基づいて，相互配賦法（連立方程式法）によって補助部門費を配賦し，各製造部門の費用を計算しなさい。

資料

1 部門費（部門個別費＋部門共通費配賦額）

切削部門	組立部門	修繕部	動力部	工場事務部
325,000円	280,000円	60,000円	92,000円	80,000円

2 補助部門の用役提供割合

	切削部門	組立部門	修繕部	動力部	工場事務部
修 繕 部	600時間	360時間	—	240時間	—
動 力 部	7,200 kwh	7,200 kwh	3,600 kwh	—	—
工場事務部	12人	16人	8人	4人	3人

解答

（連立方程式法）　　　　　補助部門費配賦表　　　　　　（単位：円）

費 目	合計	製造部門		補助部門		
		切削部門	組立部門	修繕部	動力部	工場事務部
部　門　費	837,000	325,000	280,000	60,000	92,000	80,000
修 繕 部 費		50,000	30,000	△100,000	20,000	—
動 力 部 費		48,000	48,000	24,000	△120,000	—
工場事務部費		24,000	32,000	16,000	8,000	△80,000
合　　　計	837,000	447,000	390,000	0	0	0

解説

連立方程式を立てるために，次のワークシートを作成する。まず，各補助部門費合計を a，b，cとおく。これが他補助部門から配賦されてきた金額合計である。それを用役提供割合と掛け算すれば，当該配賦金額が算定できる。したがって，修繕部の合計金額は $60,000 + 0.2b + 0.2c$ となる。動力部の合計金額は $92,000 + 0.2a + 0.1c$ となる。工場事務部の合計金額は 80,000 となる。

	切削部門	組立部門	修繕部	動力部	工場事務部
	325,000	280,000	60,000	92,000	80,000
修　繕　部	0.5a	0.3a	—	0.2a	—
動　力　部	0.4b	0.4b	0.2b	—	—
工場事務部	0.3c	0.4c	0.2c	0.1c	—
	—	—	a	b	c

上記ワークシートから，次のような連立方程式を立てる。

$$\begin{cases} a = 60,000 + 0.2b + 0.2c \\ b = 92,000 + 0.2a + 0.1c \\ c = 80,000 \end{cases}$$

$a = 100,000$　$b = 120,000$　$c = 80,000$

② 複数基準配賦法による補助部門費の製造部門への配賦

　単一基準配賦法は補助部門費を変動費と固定費に区分せずに配賦する方法であり，配賦には用役消費量を用いた。他方，複数基準配賦法はそれを変動費と固定費のような2つ以上に分けて配賦する方法である。固定費と変動費はその性格が異なるので，配賦に際して固定費は用役消費能力，変動費は用役消費量を用いる。

設例3－4

　次の資料に基づいて，複数基準配賦法によって予算補助部門費配賦表を直接配賦法で作成しなさい。また，補助部門費の固定費は消費部門にとっても固定費，変動費は消費部門にとっても変動費である。

資料

1　補助部門の年間用役消費量

	切削部	組立部	修繕部	動力部	合　計
修繕可能能力	100 時間	80 時間	—	20 時間	200 時間
正常修繕時間数	90 時間	60 時間	—	30 時間	180 時間
動力供給能力	10,000 kWh	15,000 kWh	5,000 kWh	—	30,000 kWh
正常動力供給量	8,000 kWh	14,000 kWh	2,000 kWh	—	24,000 kWh

2 各部門の年間予算額

	切削部	組立部	修繕部	動力部	合計
固定費	400千円	450千円	360千円	500千円	1,710千円
変動費	350	280	660	748	2,038
合計	750千円	730千円	1,020千円	1,248千円	3,748千円

【解答】

(直接配賦法)　　　　　　予算補助部門費配賦表　　　　　(単位：千円)

費目	製造部門				補助部門			
	切削部		組立部		修繕部		動力部	
	固定費	変動費	固定費	変動費	固定費	変動費	固定費	変動費
部門費	400	350	450	280	360	660	500	748
修繕部費	200	396	160	264				
動力部費	200	272	300	476				
合計	800	1,018	910	1,020				

【解説】

補助部門費配賦表を複数基準配賦法を前提とした直接配賦法で作成する。補助部門費を固定費と変動費とに分けて配賦を行う。固定費は修繕可能能力や動力供給能力のような用役消費能力，変動費は正常修繕時間数や正常動力供給量のような用役消費量に基づいて配賦する。たとえば，修繕部固定費の製造部門への配賦には，修繕可能能力を用い，以下の通り配賦計算を行う。

切削部：$\dfrac{360\text{千円}}{100\text{時間} + 80\text{時間}} \times 100\text{時間} = 200\text{千円}$

組立部：$\dfrac{360\text{千円}}{100\text{時間} + 80\text{時間}} \times 80\text{時間} = 160\text{千円}$

(3) 部門別計算に関する仕訳

部門別計算のために，第1次集計として製造間接費はまず各部門に割当てられ，その後第2次集計として補助部門費は製造部門に配賦される。

▶第1次集計

(借)	切 削 部 門	××	(貸)	製 造 間 接 費	××
	組 立 部 門	××			
	修 繕 部	××			
	動 力 部	××			
	工 場 事 務 部	××			

▶第2次集計

直接配賦法

(借)	切 削 部 門	××	(貸)	修 繕 部	××
	組 立 部 門	××		動 力 部	××
				工 場 事 務 部	××

相互配賦法（簡便法による相互配賦法）

(借)	切 削 部 門	××	(貸)	修 繕 部	××
	組 立 部 門	××		動 力 部	××
	修 繕 部	××		工 場 事 務 部	××
	動 力 部	××			
	工 場 事 務 部	××			

(借)	切 削 部 門	××	(貸)	修 繕 部	××
	組 立 部 門	××		動 力 部	××
				工 場 事 務 部	××

▶部門費配賦差異の振替

不利差異

(借)	製造間接費配賦差異	××	(貸)	切 削 部 門	××

有利差異

(借)	組 立 部 門	××	(貸)	製造間接費配賦差異	××

▶製品への配賦

(借)	仕 掛 品	××	(貸)	切 削 部 門	××
				組 立 部 門	××

設例 3-5

次の資料に基づいて,直接配賦法によって補助部門費を配賦し,各製造部門の費用を計算し,部門別計算に関する仕訳を示しなさい。なお,計算の途中で生じた小数はそのまま計算し,計算の最後で円未満は四捨五入する。また,予定配賦率については小数第2位まで計算する。

資料

1 部門費予算額（月間）

切削部門	組立部門	修繕部	動力部	工場事務部
260,000円	220,000円	50,000円	60,000円	40,000円

2 補助部門の予定用役提供割合（直接配賦法により配賦する）

	切削部門	組立部門	修繕部	動力部	工場事務部
修 繕 部	40%	30%	―	30%	―
動 力 部	50%	30%	10%	―	10%
工場事務部	45%	45%	5%	5%	―

3 月間基準操業度（直接作業時間）

切削部門：1,200時間　　　組立部門：1,000時間

4 当月部門費実際発生額

切削部門	組立部門	修繕部	動力部	工場事務部
250,000円	230,000円	55,000円	62,000円	43,000円

5 補助部門の当月実際用役提供割合（直接配賦法により配賦する）

	切削部門	組立部門	修繕部	動力部	工場事務部
修 繕 部	40%	30%	―	30%	―
動 力 部	50%	30%	10%	―	10%
工場事務部	45%	45%	5%	5%	―

6 当月実際直接作業時間

	製造指図書No.1	製造指図書No.2	合　計
切削部門	500時間	600時間	1,100時間
組立部門	400時間	500時間	900時間
合　計	900時間	1,100時間	2,000時間

解答

部門別予定配賦	（借）	仕 掛 品	572,766	（貸）	切 削 部 門	317,229
の仕訳					組 立 部 門	255,537
第1次集計	（借）	切 削 部 門	250,000	（貸）	製 造 間 接 費	640,000
の仕訳		組 立 部 門	230,000			
		修 繕 部	55,000			
		動 力 部	62,000			
		工 場 事 務 部	43,000			
第2次集計	（借）	切 削 部 門	91,679	（貸）	修 繕 部	55,000
の仕訳		組 立 部 門	68,321		動 力 部	62,000
					工 場 事 務 部	43,000
部門費配賦差異	（借）	製造間接費 配賦差異	24,450	（貸）	切 削 部 門	24,450
の仕訳		製造間接費 配賦差異	42,784		組 立 部 門	42,784

解説

部門費計算の予定配賦の設例であるが，次の手順で行う。

1　予算補助部門費配賦表を作成し，各製造部門費合計を計算する。
2　各製造部門費合計を月間基準操業度で除して予定配賦率を算定する。
3　製造部門の当月実際直接作業時間と予定配賦率を乗じて予定配賦額を算定する。
4　実際補助部門費配賦表を作成し，各製造部門費合計を計算する。
5　部門費予定配賦額と実際発生額を比較して，部門費配賦差異を算出する。

（直接配賦法）　　　　　　予算補助部門費配賦表　　　　　　（単位：円）

費　目	合　計	製造部門		補助部門		
		切削部門	組立部門	修繕部	動力部	工場事務部
部　門　費	630,000	260,000	220,000	50,000	60,000	40,000
修 繕 部 費	50,000	28,571	21,429			
動 力 部 費	60,000	37,500	22,500			
工場事務部費	40,000	20,000	20,000			
合　　計	630,000	346,071	283,929			

切削部門予定配賦率　346,071円÷1,200時間＝288.39円/時
組立部門予定配賦率　283,929円÷1,000時間＝283.93円/時

予定配賦額の計算 (単位：円)

	製造指図書No.1	製造指図書No.2	合計
切削部門	144,195	173,034	317,229
組立部門	113,572	141,965	255,537
合　計	257,767	314,999	572,766

実際補助部門費配賦表 (単位：円)

費目	合計	製造部門		補助部門		
		切削部門	組立部門	修繕部	動力部	工場事務部
部門費	640,000	250,000	230,000	55,000	62,000	43,000
修繕部費	55,000	31,429	23,571			
動力部費	62,000	38,750	23,250			
工場事務部費	43,000	21,500	21,500			
合　計	640,000	341,679	298,321			

切削部門配賦差異　317,229円 － 341,679円 ＝ －24,450円（不利差異）
組立部門配賦差異　255,537円 － 298,321円 ＝ －42,784円（不利差異）

復習問題

(問題1) 製造間接費予算の設定法を説明してください。
(問題2) 実査法とは何ですか。
(問題3) 部門費計算とはどのような計算段階ですか。

個別原価計算

第4章

Key Word
個別原価計算　個別受注生産　特定製造指図書　ロット　単純個別原価計算
部門別個別原価計算　ロット別個別原価計算　純粋個別原価計算　作業屑　仕損

1 個別原価計算

(1) 個別原価計算とは

　個別原価計算は，造船業，建設業，特殊工作機械製造業などのように，個別受注を基礎に異なる個々の製品を生産する業種において適用される製品別原価計算である。このような業種では，通常，個別受注生産を行っており，注文を受けると，個々の製品単位ごとに特定製造指図書が発行され，製品原価を集計するために，製造指図書ごとに個別原価計算表が作成される。

　また，個別原価計算は，単純個別原価計算と部門別個別原価計算に分類できる。通常，製造間接費を部門別に配賦する部門別個別原価計算が実施される。しかし，小規模な企業では，部門別計算を行わない単純個別原価計算が適用される場合もある。

　個別受注生産は製品を受注し製造を実施するとき，特定製造指図書が発行され，製造がはじまるが，この場合，注文は必ずしも1単位の製品とは限らない。すなわち，1単位の製品ではなく，何単位かの製品の集まり（ロット，バッチ，ダース）の製品を対象として発行される。したがって，この場合，特定製造指図書別に集計された個別原価をロットの数量（製造量）で割り算すれば，単位原価も計算できる。このような個別原価計算は，ロット別個別原価計算とよばれる。これに対応して，二者を区別する場合には先に述べた個別原価計算を純粋個別原価計算とよぶ。

(2) 単純個別原価計算

　単純個別原価計算は，部門別計算を行わない個別原価計算である。そのため，製造間接費は部門ではなく，ただちに製品に配賦する。つまり，費目別計算終了後，製品別計算が実施される。この方法は，比較的小規模な工場に適する。

　単純個別原価計算の計算手続は，次のとおりである。
① 　製造直接費を製造指図書番号別に賦課し，原価計算表に記入する。
② 　製造間接費を製造指図書番号ごとに配賦し，原価計算表に記入する。
③ 　原価計算期末に原価計算表に集計されている製造原価を，指図書番号別に完成品の分と仕掛品の分とに分ける。

　単純個別原価計算の勘定流れ図は，図表4-1のとおりである。

図表4-1　単純個別原価計算の勘定流れ図

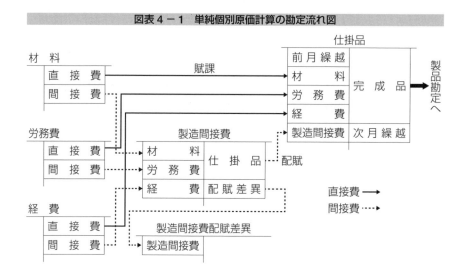

設例 4-1

当社は単純個別原価計算を実施している。次の資料に基づき，原価計算表を作成しなさい。また，製造間接費差異を算定し，差異は予算差異と操業度差異とに分析しなさい。なお，差異は不利差異か有利差異かを明記すること。

資料

1 費目別計算データ

費目＼製造指図書No.	製造指図書 No.1	製造指図書 No.2	製造指図書 No.3
直接材料実際消費高	45,000 円	53,000 円	72,000 円
直接労務費実際消費高	123,000 円	125,000 円	62,000 円
直接経費実際消費高	16,000 円	24,000 円	6,000 円
間接材料実際消費高	68,000 円		
間接労務費実際消費高	94,000 円		
間接経費実際消費高	61,000 円		

2 製造間接費配賦基準データ

製造間接費は，実際直接作業時間（製造指図書No.1：210時間，No.2：120時間，No.3：150時間）を基準に予定配賦している。

基準操業度（直接作業時間）：6,000 時間（年間）

製造間接費予算額（年間）：予算の設定方法は，公式法変動予算である。

変 動 費	1,200,000 円	
固 定 費	1,500,000	
合 計	2,700,000 円	

3 生産データ

① 製造指図書 No.1 は，前月着手であり，当月中に完成した。
② 製造指図書 No.1 の月初仕掛品原価は 64,000 円である。
③ 製造指図書 No.2 および No.3 は当月着手であり，当月末に未完成である。

解答

原価計算表 （単位：円）

費目＼指図書No.	製造指図書 No.1	製造指図書 No.2	製造指図書 No.3	合　計
月初仕掛品原価	64,000	—	—	64,000
直 接 材 料 費	45,000	53,000	72,000	170,000
直 接 労 務 費	123,000	125,000	62,000	310,000
直 接 経 費	16,000	24,000	6,000	46,000
製 造 間 接 費	94,500	54,000	67,500	216,000
合　　　計	342,500	256,000	207,500	806,000
備　　　考	完成	仕掛中	仕掛中	

差異分析

製造間接費差異	（450円/時 × 480時）− 223,000円 ＝ −7,000円	7,000円 （不利差異）
予 算 差 異	（200円/時 × 480時 ＋ 125,000円）− 223,000円 ＝ −2,000円	2,000円 （不利差異）
操業度差異	（480時 − 500時）× 250円/時 ＝ −5,000円	5,000円 （不利差異）

解説

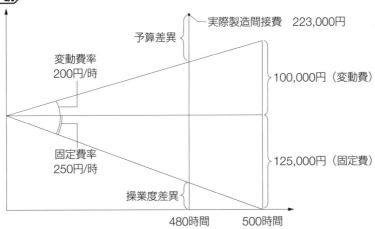

基準操業度（月間）6,000時間 ÷ 12 ＝ 500時間
実際直接作業時間　480時間
　　　（製造指図書No.1：210時間，No.2：120時間，No.3：150時間）

変動費予算（月間）1,200,000 円 ÷ 12 ＝ 100,000 円
固定費予算（月間）1,500,000 円 ÷ 12 ＝ 125,000 円
変動費率　100,000 円 ÷ 500 時間 ＝ 200 円/時
固定費率　125,000 円 ÷ 500 時間 ＝ 250 円/時

(3) 部門別個別原価計算

部門別個別原価計算とは，部門別計算を行う個別原価計算である。このとき，部門別に製造間接費を集計する。

部門別個別原価計算の計算手続は，次のとおりである。

① 製造直接費を製造指図書番号別に原価計算表に記入する。
② 製造間接費のうち部門個別費を部門費集計表で，区分・集計する。
③ 部門共通費を部門費集計表上で，各部門に配賦する。
④ 補助部門費を補助部門費配賦表により製造部門へ配賦する。
⑤ 製造部門費を製造指図書番号ごとに配賦する。
⑥ 月末に原価計算表に集計されている製造原価を，完成品の分と仕掛品の分とに区分する。

部門別個別原価計算で使用される原価計算表は，以下のとおりである。単純個別原価計算のそれと比べると，製造間接費の欄に部門が設けられている。

原価計算表（一部）　　　　　　　　　　（単位：円）

指図書No. 費目	製造指図書 No.1	製造指図書 No.2	製造指図書 No.3	製造指図書 No.4	合　計
直 接 材 料 費					
製 造 間 接 費 　第1製造部門 　第2製造部門					

部門別個別原価計算の勘定流れ図は，図表4-2のとおりである。

図表4－2　部門別個別原価計算の勘定流れ図

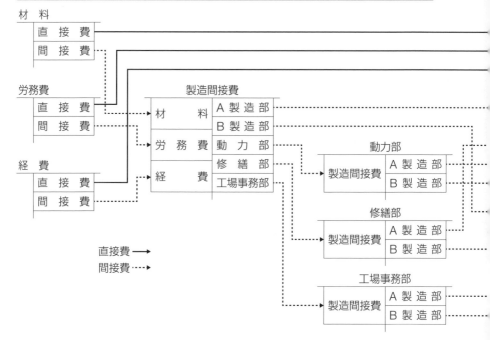

設例4－2

当社は部門別個別原価計算を実施している。以下の資料に基づき次の問いに答え，原価計算表を作成しなさい。なお，No.1およびNo.2は完成し，No.3は未完成である。また，月初仕掛品は存在しなかった。

[資料]

1 直接費実際消費額（月間）

	No.1	No.2	No.3
直接材料実際消費高	60,000円	50,000円	23,000円
直接労務費実際消費高	53,000円	26,000円	45,000円

2 部門費予算額（月間）

切削部門	仕上部門	動力部	工場事務部
400,000円	320,000円	32,000円	27,000円

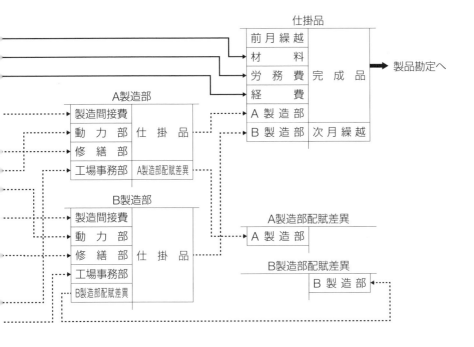

3 補助部門の予定用役提供割合（直接配賦法により配賦する）

	切削部門	仕上部門	動力部	工場事務部
動力部から	35％	45％	—	20％
工場事務部から	40％	50％	10％	—

4 月間基準操業度（直接作業時間）

　　　切削部門：500時間　仕上部門：400時間

5 当月部門費実際発生額

切削部門	仕上部門	動力部	工場事務部
410,000円	330,000円	34,000円	26,100円

6 補助部門の当月実際用役提供割合（直接配賦法により配賦する）

	切削部門	仕上部門	動力部	工場事務部
動力部から	35％	45％	—	20％
工場事務部から	40％	50％	10％	—

7 当月実際直接作業時間

費目 \ 指図書No.	No.1	No.2	No.3	合　計
切 削 部 門	150 時間	250 時間	110 時間	510 時間
仕 上 部 門	200 時間	100 時間	120 時間	420 時間
合　　計	350 時間	350 時間	230 時間	930 時間

問1　切削部門配賦差異と仕上部門配賦差異を算定しなさい（差異には，借方差異か貸方差異かを示す）。

問2　部門別予定配賦，第1次集計，第2次集計，部門費配賦差異の各仕訳を示しなさい。

問3　原価計算表を作成しなさい。

解答

問1

切削部門配賦差異	434,520 円 − 436,475 円 ＝ −1,955 円　1,955 円（借方差異）
仕上部門配賦差異	370,650 円 − 363,625 円 ＝ 7,025 円　　7,025 円（貸方差異）

問2

部門別予定配賦	（借）	仕　掛　品	805,170	（貸）	切 削 部 門	434,520
					仕 上 部 門	370,650
第 1 次 集 計	（借）	切 削 部 門	410,000	（貸）	製 造 間 接 費	800,100
		仕 上 部 門	330,000			
		動 　力 　部	34,000			
		工 場 事 務 部	26,100			
第 2 次 集 計	（借）	切 削 部 門	26,475	（貸）	動 　力 　部	34,000
		仕 上 部 門	33,625		工 場 事 務 部	26,100
部門費配賦差異	（借）	製造部門配賦差異	1,955	（貸）	切 削 部 門	1,955
		仕 上 部 門	7,025		製造部門配賦差異	7,025

問3

原価計算表　　　　　　　　　（単位：円）

費目 \ 指図書No.	No.1	No.2	No.3	合　計
直 接 材 料 費	60,000	50,000	23,000	133,000
直 接 労 務 費	53,000	26,000	45,000	124,000
製 造 間 接 費				
切 削 部 門	127,800	213,000	93,720	434,520
仕 上 部 門	176,500	88,250	105,900	370,650
合　　計	417,300	377,250	267,620	1,062,170
備　　考	完成	完成	仕掛中	

解説

(直接配賦法) 　　　　　予算補助部門費配賦表　　　　　　(単位：円)

費目	合計	製造部門		補助部門	
		切削部門	仕上部門	動力部	工場事務部
部門費	779,000	400,000	320,000	32,000	27,000
動力部	32,000	14,000	18,000		
工場事務部	27,000	12,000	15,000		
製造部門費	779,000	426,000	353,000		

切削部門予定配賦率　426,000円 ÷ 500時間 = 852円/時
仕上部門予定配賦率　353,000円 ÷ 400時間 = 882.5円/時

予定配賦額の計算　　　　　　　　　　　　　　　　(単位：円)

	切削部門	仕上部門	合計
指図書No.1への予定配賦額	127,800	176,500	304,300
指図書No.2への予定配賦額	213,000	88,250	301,250
指図書No.3への予定配賦額	93,720	105,900	199,620
合計	434,520	370,650	805,170

(直接配賦法) 　　　　　実際補助部門費配賦表　　　　　　(単位：円)

費目	合計	製造部門		補助部門	
		切削部門	仕上部門	動力部	工場事務部
部門費	800,100	410,000	330,000	34,000	26,100
動力部	34,000	14,875	19,125		
工場事務部	26,100	11,600	14,500		
製造部門費	800,100	436,475	363,625		

2 個別原価計算の作業屑と仕損

(1) 作業屑の処理

　作業屑とは，製造過程において発生する原材料の残り屑であり，売却価値あるいは利用価値を有するものをいい，製材業における木片やかんな屑，金属加工工業における削り屑などがあげられる。作業屑の評価方法は，以下のとおりである。

① そのまま外部に売却できる場合

　作業屑の評価額 ＝ 見積売却価額 － 販売費・一般管理費
　　　　　　　　　　　　　　　　　　（および通常の利益の見積額）

② 売却するのに加工を要する場合

　作業屑の評価額 ＝ 見積売却価額 － 加工費 － 販売費・一般管理費
　　　　　　　　　　　　　　　　　　　　　　（および通常の利益の見積額）

③ そのまま自家消費する場合

　作業屑の評価額 ＝ 自家消費により節約される物品の見積購入額

④ 加工のうえ自家消費する場合

　作業屑の評価額 ＝ 自家消費により節約される物品の見積購入額
　　　　　　　　　　　　　　　　　　　　　－ 加工費の見積額

このように評価された作業屑は，次のように処理する。

① 製造間接費から控除する（単純個別原価計算の採用時）。
② 作業屑の発生部門の部門費から控除する（部門別個別原価計算の採用時）。
③ 作業屑の発生した製造指図書の直接材料費または製造原価から控除する。
④ 軽微な作業屑を売却して得た収入は営業外収益（雑収入ないしは雑益）とする。

(2) 作業屑の仕訳

作業屑各処理別の仕訳は，次のとおりである。

▶単純個別原価計算の場合（製造間接費から控除）

　（借）作　業　屑　××　　（貸）製 造 間 接 費　××

▶発生部門の部門費から控除する場合

　（借）作　業　屑　××　　（貸）○ 　○ 　部 　門　××

▶作業屑の発生した製造指図書の直接材料費または製造原価から控除する場合

　（借）作　業　屑　××　　（貸）仕　掛　品　××

▶作業屑を現金で売却した場合

　（借）現　　　金　××　　（貸）雑　収　入　××

▶作業屑を自家消費するために倉庫に戻した場合（製造間接費から控除）
（借）材　　　料　××　　（貸）製 造 間 接 費　××

設例4-3

次の作業屑にかかわる取引を仕訳しなさい。

1 製造工程中（部門は採用していない）で作業屑が発生した（評価額12,000円）。

2 A製造部門で作業屑が生じた（見積売却価額5,000円，販売費・一般管理費800円）。

3 製造指図書No.1において，作業屑が生じた（見積売却価額8,000円，加工費2,000円，販売費・一般管理費1,000円）。

4 発生した作業屑を売却して現金1,000円を得た。

5 製造工程中（部門は採用していない）で作業屑が発生し，これを自家消費のために倉庫に戻した（見積購入額4,000円）。

【解答】

1	（借）	作　業　屑	12,000	（貸）	製 造 間 接 費	12,000
2	（借）	作　業　屑	4,200	（貸）	A 製 造 部 門	4,200
3	（借）	作　業　屑	5,000	（貸）	仕　掛　品	5,000
4	（借）	現　　　金	1,000	（貸）	雑　収　入	1,000
5	（借）	材　　　料	4,000	（貸）	製 造 間 接 費	4,000

（3）仕損の処理

仕損とは，製造過程中に生じた失敗により，製品に不良品が発生したことをいい，それに評価額がある場合には仕損品という。仕損はその程度により，以下の場合に分けられる。

① 仕損の程度が小さいため，補修により回復できる場合
② 仕損の程度が大きいため，代品を作成しなければならない場合

仕損の処理にあたっては，仕損費と仕損品を区別しなければならない。仕損費とは仕損の発生により被った損失を意味し，それに評価額がある場合には仕損品という。①のケース（回復不可能）では，それまでに集計された原価が仕

損費となる（ただし，評価額がある場合にはその金額を控除する）。これに対して②のケース（回復可能）では，補修に要した金額が仕損費となる。さらに，この作業に際して，仕損の程度や製造指図書を発行するか否かによって，次のようになる。

1) 仕損が補修により回復可能な場合
① 補修指図書を発行する場合
　補修指図書に集計された製造原価＝仕損費
② 補修指図書を発行しない場合
　補修に要する見積製造原価＝仕損費

2) 仕損が補修不能のため代品を製作する場合
① 代品製作のために新たに製造指図書を発行する場合
　ａ．旧製造指図書の全部が仕損の場合
　　　旧製造指図書に集計された製造原価＝仕損費
　ｂ．旧製造指図書の一部が仕損の場合
　　　新製造指図書に集計された製造原価＝仕損費
② 代品製作のために新たに製造指図書を発行しない場合
　　　代品製作に要する見積製造原価＝仕損費

3) 仕損が軽微な場合
仕損費を計上しないで，仕損品の評価額を当該製造指図書の製造原価から控除する。

設例4－4

当社はロット別個別原価計算を実施している。以下の資料に基づき，各ケースの仕損処理に関する仕訳をしなさい。発生した仕損はすべてが正常であり，仕損費は直接経費として処理している。なお，使用する勘定は，仕掛品，材料，賃金，製造間接費，仕損費，仕損品である。

資料

製造指図書 No.2 に仕損が発生した。これまでに，No.2（生産数量 10 個）に集計された原価（すでに仕掛品勘定に振替済み）は，以下のとおりである。

直接材料費	22,000 円
直接労務費	12,000
製造間接費	10,000
合　計	44,000 円

〔ケース 1〕

製造指図書 No.2 の生産数量 10 個のうち 2 個に仕損が発生した。補修により回復可能であると判断させたため，補修指図書 No.2-1 を発行して補修を行うことにした。補修指図書に集計された原価は，次のとおりである。

直接材料費	4,800 円
直接労務費	2,400
製造間接費	2,000
合　計	9,200 円

〔ケース 2〕

製造指図書 No.2 の生産数量 10 個すべてに仕損が発生した。この仕損は深刻で補修により回復不可能と判断されたため，新製造指図書 No.2-1 を発行して新たに代品製作を行った。なお，仕損品の評価額は 1 個あたり 350 円と見積られている。新製造指図書 No.2-1 に集計された原価は，次のとおりである。

直接材料費	25,000 円
直接労務費	12,500
製造間接費	11,000
合　計	48,500 円

〔ケース 3〕

製造指図書 No.2 の生産数量 10 個のうち 4 個に仕損が発生した。この仕損は補修により回復不可能と判断されたため，新製造指図書 No.2-1 を発行して代品製作を行った。なお，仕損品の評価額は 1 個あたり 220 円と見積られている。新製造指図書 No.2-1 に集計された原価は次のとおりである。

直接材料費	9,600 円
直接労務費	4,800
製造間接費	4,000
合　計	18,400 円

解 答

ケース1	(借)	仕 掛 品	9,200	(貸)	材 料	4,800
					賃 金	2,400
					製造間接費	2,000
	(借)	仕 損 費	9,200	(貸)	仕 掛 品	9,200
	(借)	仕 掛 品	9,200	(貸)	仕 損 費	9,200
ケース2	(借)	仕 掛 品	48,500	(貸)	材 料	25,000
					賃 金	12,500
					製造間接費	11,000
	(借)	仕 損 費	40,500	(貸)	仕 掛 品	44,000
		仕 損 品	3,500			
	(借)	仕 掛 品	40,500	(貸)	仕 損 費	40,500
ケース3	(借)	仕 掛 品	18,400	(貸)	材 料	9,600
					賃 金	4,800
					製造間接費	4,000
	(借)	仕 損 費	17,520	(貸)	仕 掛 品	18,400
		仕 損 品	880			
	(借)	仕 掛 品	17,520	(貸)	仕 損 費	17,520

解 説

　ケース1は仕損が補修により回復可能な場合であり，補修指図書を発行したので，補修指図書に集計された製造原価が仕損費となる。

　ケース2は仕損が補修不能のため代品を製作する場合であり，すべてが補修不能なため（旧製造指図書の全部が仕損のため），旧製造指図書に集計された製造原価が仕損費となる。

　ケース3は仕損が補修不能のため代品を製作する場合であり，修復可能なため（旧製造指図書の一部が仕損のため），新製造指図書に集計された製造原価が仕損費となる。

復習問題

(問題1) 個別原価計算について説明してください。
(問題2) 製造指図書とは何ですか。
(問題3) 単純個別原価計算と部門別個別原価計算の違いについて，説明してください。

単純総合原価計算

第5章

Key Word
総合原価計算　完成品換算量　加工進捗度　単純総合原価計算　平均法
先入先出法　修正先入先出法　純粋先入先出法

1 総合原価計算とは

　総合原価計算は，同一種類の製品を大量に反復生産する場合に，一原価計算期間の間に製造された製品の平均単位原価を計算する原価計算の方法である。

　総合原価計算の基本的な考え方は，一原価計算期間に発生した製品の総製造原価を，同じ期間に生産した製品の生産数量で割って，単位あたり製品製造原価を求めることである。

　一般に個別原価計算は受注生産形態に適用される原価計算形態であるが，総合原価計算は，同一種類の製品の平均製造原価を計算するところから，同種の規格の製品を見込みで大量に反復生産している生産形態に適用される。

　また，個別原価計算の原価集計単位は製造指図書の指示する生産量であるが，総合原価計算の原価集計単位は，一原価計算期間に製造された同種製品の生産量（期間生産量）である。

（1）総合原価計算の種類

　総合原価計算は，製造する製品の種類によって，単純総合原価計算，組別総合原価計算，等級別総合原価計算および連産品原価計算に区分できる。単純総合原価計算は1種類の製品あるいは1系列の製品群を製造する場合に用いられ，組別総合原価計算は2種類以上の異なる製品あるいは製品群を製造する場合に用いられる。等級別総合原価計算は容量や品質が違う2種類以上の同種製品あるいは製品群を製造する場合に用いられ，連産品原価計算は同一原材料から必然的にできる2種類以上の製品を製造する場合に用いられる。

　また，部門別計算をするか否かによって，部門別計算をしない単一工程総合

原価計算と部門別計算をする工程別総合原価計算に区分できる。総合原価計算では，製造部門を製造工程とよんでいる。さらに工程別総合原価計算は，部門別計算をする原価の範囲によって，すべての原価要素を工程別に計算する全原価要素工程別総合原価計算と，加工費のみを工程別に計算する加工費工程別総合原価計算に区分できる。

以上をまとめると，総合原価計算の種類は図表5-1のようになる。

図表5-1　総合原価計算の種類

製品の種類	部門別計算の有無	計算する原価の範囲
単純総合原価計算	単一工程単純総合原価計算	
	工程別単純総合原価計算	全原価要素工程別単純総合原価計算
		加工費工程別単純総合原価計算
組別総合原価計算	単一工程組別総合原価計算	
	工程別組別総合原価計算	全原価要素工程別組別総合原価計算
		加工費工程別組別総合原価計算
等級別総合原価計算	単一工程等級別総合原価計算	
	工程別等級別総合原価計算	全原価要素工程別等級別総合原価計算
		加工費工程別等級別総合原価計算
連産品原価計算		

(2) 総合原価計算の特徴

総合原価計算は，一原価計算期間の製造原価を計算する方法であるが，1) 製造原価を完成品原価と月末仕掛品原価に按分することと，2) 完成品平均原価の計算をするという特徴がある。

1) 完成品原価と月末仕掛品原価の按分

製品を製造する場合，一定の原価計算期間（通常，1ヶ月）内に完成して製品となるもの（完成品）と，完成しないで次期に繰り越されるもの（月末仕掛品）が存在する。月末仕掛品は翌月には月初仕掛品となり，さらに加工され完成品となる。そのため総合原価計算では，製品製造のために発生した原価（月初仕掛品原価と当月製造費用）を，どのようにして完成品と月末仕掛品とに分けるかがポイントとなる。

2) 完成品平均単価の計算

総合原価計算では，仕掛品について「製造原価が，完成品に換算したらどのくらいの量に相当するのか」という完成品換算量と，投入から完成までの物品・作業の流れの仮定を手がかりにして，製品製造のために発生した原価を完成品と月末仕掛品とに分割する。このうち，完成品に集計された原価を完成品数量で割ることにより，完成品の平均製造原価を計算する。つまり，総合原価計算における製品製造原価は，製品ごとではなく，原価計算期間の平均として求められる。

仕掛品は，加工途中にある生産品であるため，仕掛品1単位と完成品1単位が負担する原価は同一ではなく，仕掛品の完成度合に応じて原価の負担を考える必要がある。この仕掛品の完成度合のことを加工進捗度といい，仕掛品数量に加工進捗度を乗じて求めた仕掛品完成品換算量と完成品数量の割合で按分計算を行うことになる。

2 単純総合原価計算とは

単純総合原価計算は，セメント製造業，製氷業などのように，1種類の製品あるいは製品群を反復生産する業種において適用される製品別原価計算である。単純総合原価計算は，単一工程で生産する様式に適用される単一工程単純総合原価計算と複数工程で生産する様式に適用される工程別単純総合原価計算に区別できる。本章では単一工程単純総合原価計算（以下，「単純総合原価計算」という）を説明し，工程別単純総合原価計算は第7章で説明する。

単純総合原価計算では，費目別計算で集計された原価を，直接材料費（原料費）と加工費に区別し，平均法などの方法により月末仕掛品と完成品の製造原価を計算する。仕掛品勘定には，各費目の勘定から投入額が借方に記入され，完成品の原価は製品勘定に貸方から振り替えられる。月末仕掛品原価は，仕掛品勘定で，次月繰越として繰り越される。

(1) 月末仕掛品および完成品の評価

製品製造のために発生した原価を完成品と月末仕掛品に按分する方法には，

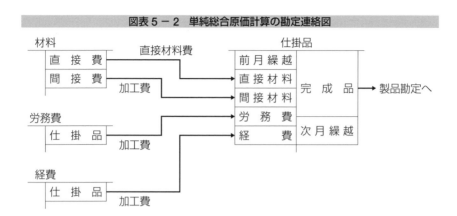

図表5−2　単純総合原価計算の勘定連絡図

　原材料，労働力の投入から完成までの流れをどう考えるかの仮定の違いにより，平均法と先入先出法がある。

　完成品原価は，このいずれかの方法で月末仕掛品原価を算定し，それを月初仕掛品原価と当月製造費用の合計から差し引くことによって，完成品原価を計算する。

　　完成品原価＝（月初仕掛品原価＋当月製造費用）−月末仕掛品原価

(2) 平均法

　平均法とは，月初仕掛品原価と当月製造費用の合計額を，完成品数量と月末仕掛品数量（加工費は月末仕掛品の完成品換算量）の比で按分して，月末仕掛品原価を求める方法をいう。

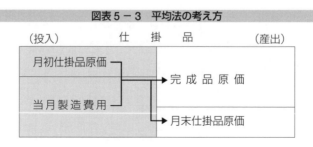

図表5−3　平均法の考え方

前月に発生した原価である月初仕掛品原価と、当月に発生した当月製造費用を加重平均して、その平均単価で月末仕掛品原価と完成品原価に按分されるため、平均法とよばれる。

(3) 先入先出法

先入先出法とは、先に作りはじめたものから先に完成するものと仮定して、月末仕掛品原価を計算する方法である。すなわち、月初仕掛品が先に完成し、その後で当月製造費用分が完成すると仮定して計算を行う。したがって、月末仕掛品原価は当月製造費用のみから計算することになる。後述の純粋先入先出法に対して、修正先入先出法ということもある。

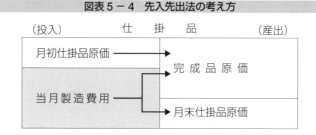

図表5－4　先入先出法の考え方

(4) 純粋先入先出法

先入先出法で計算される完成品製造原価は、さらに詳細にみてみると、月初仕掛品が完成品となったものと、当月投入分（当月製造費用）が完成品となったものに分けられる。そこで、先入先出法の考え方を厳密に考えると、月初仕掛品が完成した分と、当月投入分が完成した分とに区別して完成品単価を計算することが求められる。このような考え方に基づいて行われる先入先出法を純粋先入先出法という。

純粋先入先出法も（修正）先入先出法と基本的な計算方法および考え方は異ならない。純粋先入先出法は、完成品原価を月初仕掛品が完成した分と当月投入完成分とに分けたうえで、それぞれの完成品単価を計算するのに対して、（修正）先入先出法は、完成品原価を月初仕掛品完成分と当月投入完成分とに分け

ずに，両者を合わせて単一の完成品単価を計算する。

図表5－5 純粋先入先出法の考え方

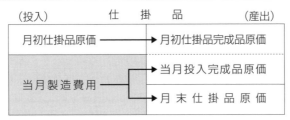

設例5－1

以下の資料に基づいて，①平均法，②(修正)先入先出法および③純粋先入先出法で，月末仕掛品原価，完成品原価を求めなさい。

資料

1 生産データ

月初仕掛品	150 kg	(40 %)
当月投入	540 kg	
合　　計	690 kg	
月末仕掛品	90 kg	(50 %)
完　成　品	600 kg	

（　）内は加工進捗度を表している。

2 材料はすべて工程始点で投入される。

3 原価データ

月初仕掛品原価	直接材料費	38,100 円
	加　工　費	34,290 円
当月製造費用	直接材料費	162,000 円
	加　工　費	321,750 円

[解答]

①	平均法	月末仕掛品原価	50,940 円
		完成品原価	505,200 円
②	先入先出法	月末仕掛品原価	51,750 円
		完成品原価	504,390 円
③	純粋先入先出法	月末仕掛品原価	51,750 円
		月初仕掛品完成分完成品原価	121,890 円
		当月投入完成分完成品原価	382,500 円

[解説]

① 平均法

〈解法1〉 図を使って解く方法

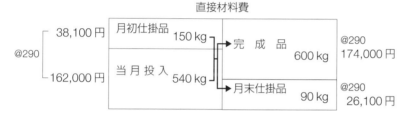

平均法では，月初仕掛品（前月投入分）と当月投入分の両方が，完成品と月末仕掛品になると考えるので，前月投入分と当月投入分の加重平均単価を求め，それに月末仕掛品数量を乗じて，月末仕掛品原価を計算する。完成品原価は，月初仕掛品と当月投入原価の合計から月末仕掛品原価を差し引いて計算する。なお平均法では，加重平均単価に完成品数量を乗じても計算できる。

月末仕掛品直接材料費：$\dfrac{38{,}100 \text{円} + 162{,}000 \text{円}}{600 \text{kg} + 90 \text{kg}} \times 90 \text{kg} = 26{,}100 \text{円}$

完成品直接材料費：$(38{,}100 \text{円} + 162{,}000 \text{円}) - 26{,}100 \text{円} = 174{,}000 \text{円}$

または　$\dfrac{38{,}100 \text{円} + 162{,}000 \text{円}}{600 \text{kg} + 90 \text{kg}} \times 600 \text{kg} = 174{,}000 \text{円}$

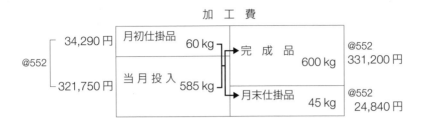

月初仕掛品換算量：150 kg × 40％ ＝ 60 kg
月末仕掛品換算量： 90 kg × 50％ ＝ 45 kg
当月投入（完成品換算総量）：600 kg ＋ 45 kg － 60 kg ＝ 585 kg
月末仕掛品加工費：$\dfrac{34,290 \text{円} + 321,750 \text{円}}{600 \text{kg} + 45 \text{kg}} \times 45 \text{kg} = 24,840 \text{円}$

完成品加工費：(34,290 円 ＋ 321,750 円) － 24,840 円 ＝ 331,200 円

月末仕掛品原価：26,100 円 ＋ 24,840 円 ＝ 50,940 円
完 成 品 原 価：(38,100 円 ＋ 162,000 円 ＋ 34,290 円 ＋ 321,750 円)
　　　　　　　　－ 50,940 円 ＝ 505,200 円
　　または　　 174,000 円 ＋ 331,200 円 ＝ 505,200 円

〈解法 2〉 ワークシートとしての原価計算表で解く方法

原 価 計 算 表　　　　　　　（単位：kg，円）

	直接材料費		加 工 費		合 計
	数量	金 額	換算量	金 額	
月初仕掛品	150	38,100	60	34,290	72,390
当 月 投 入	540	162,000	585	321,750	483,750
合 計	690	@290 200,100	645	@552 356,040	556,140
月末仕掛品	90	@290 26,100	45	@552 24,840	50,940
完 成 品	600	174,000	600	331,200	505,200

　この方法では上記のように，直接材料費と加工費，それぞれに数量と金額欄を設けて，原価計算表を作成する。月初仕掛品数量（換算量），月末仕掛品数量（換算量）と完成品数量は問題の資料にある数値を記入し，完成品から逆算して，合計と当月投入の数量を求める。当月投入の数量は，完成品換算総量になる。

平均法は，月初仕掛品と当月投入の合計から月末仕掛品を計算する方法なので，合計の欄で単価を求め，その単価に月末仕掛品の数量あるいは換算量を乗じて，月末仕掛品原価を求める。完成品原価は差し引きで求める。

② （修正）先入先出法
〈解法1〉 図を使って解く方法

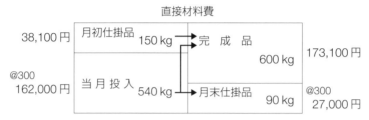

月末仕掛品直接材料費：$\dfrac{162,000 円}{540 kg} \times 90 kg = 27,000 円$

完成品直接材料費：(38,100 円 + 162,000 円) － 27,000 円 = 173,100 円

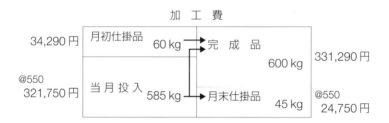

月末仕掛品加工費：$\dfrac{321,750 円}{585 kg} \times 45 kg = 24,750 円$

完成品加工費：(34,290 円 + 321,750 円) － 24,750 円 = 331,290 円

月末仕掛品原価：27,000 円 + 24,750 円 = 51,750 円
完成品原価：(38,100 円 + 162,000 円 + 34,290 円 + 321,750 円)
　　　　　　 － 51,750 円 = 504,390 円
　または　　 173,100 円 + 331,290 円 = 504,390 円

〈解法2〉 ワークシートとしての原価計算表で解く方法

原 価 計 算 表　　　　　　　（単位：kg，円）

	直接材料費		加 工 費		合　計
	数　量	金　額	換算量	金　額	
月 初 仕 掛 品	150	38,100	60	34,290	72,390
当 月 投 入	540	@300 162,000	585	@550 321,750	483,750
合　　計	690	200,100	645	356,040	556,140
月 末 仕 掛 品	90	@300 27,000	45	@550 24,750	51,750
完　成　品	600	173,100	600	331,290	504,390

（修正）先入先出法は，先に投入した月初仕掛品は先に完成すると考えるので，月末仕掛品は当月投入から計算する。そこで，当月投入の欄で単価を求め，それを月末仕掛品数量あるいは換算量に乗じて，月末仕掛品原価を計算する。先入先出法の考え方をより明確にするために，以下のような表にすることもある。

原 価 計 算 表　　　　　　　（単位：kg，円）

	直接材料費		加 工 費		合　計
	数　量	金　額	換算量	金　額	
当 月 投 入	540	@300 162,000	585	@550 321,750	483,750
月 末 仕 掛 品	90	@300 27,000	45	@550 24,750	51,750
差　　引	450	135,000	540	297,000	432,000
月 初 仕 掛 品	150	38,100	60	34,290	72,390
完　成　品	600	173,100	600	331,290	504,390

③　純粋先入先出法

〈解法1〉　図を使って解く方法

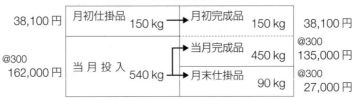

月末仕掛品原価の計算の仕方は，（修正）先入先出法と同じである。完成品の計算の時に，月初仕掛品と当月投入のどちらが完成したかを区別して集計する。直接材料費は月初仕掛品原価がそのまま月初仕掛品完成分になるが，加工費は前月に未加工分が当月に加工されるので，月初仕掛品原価に未加工分を当月投入分から計算して加える必要がある。

月末仕掛品直接材料費：$\dfrac{162{,}000\ 円}{540\ kg} \times 90\ kg = 27{,}000\ 円$

月初仕掛品完成分直接材料費：38,100 円

当月投入完成分直接材料費：$\dfrac{162{,}000\ 円}{540\ kg} \times (600\ kg - 150\ kg)$
　　　　　　　　　　　　　$= 135{,}000\ 円$

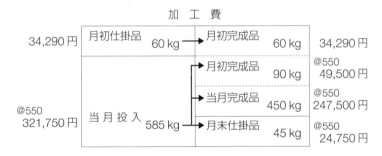

月末仕掛品加工費：$\dfrac{321{,}750\ 円}{585\ kg} \times 45\ kg = 24{,}750\ 円$

月初仕掛品完成分加工費：$34{,}290\ 円 + \dfrac{321{,}750\ 円}{585\ kg} \times (150\ kg - 60\ kg)$
　　　　　　　　　　　　$= 83{,}790\ 円$

当月投入完成分加工費：$\dfrac{321{,}750\ 円}{585\ kg} \times 450\ kg = 247{,}500\ 円$

月末仕掛品原価：27,000 円 + 24,750 円 = 51,750 円
月初仕掛品完成分完成品原価：38,100 円 + 83,790 円 = 121,890 円
当月投入完成分完成品原価：135,000 円 + 247,500 円 = 382,500 円

〈**解法 2**〉 ワークシートとしての原価計算表で解く方法

原 価 計 算 表　　　　　　　　　　（単位：kg, 円）

	直接材料費		加 工 費		合　計
	数量	金　額	換算量	金　額	
月 初 仕 掛 品	150	38,100	60	34,290	72,390
当 月 投 入	540	@300 162,000	585	@550 321,750	483,750
合　　計	690	200,100	645	356,040	556,140
月 末 仕 掛 品	90	@300 27,000	45	@550 24,750	51,750
完　成　品	600	173,100	600	331,290	504,390
┌月初仕掛品完成分	150	38,100	┌60	34,290	121,890
┤			┤	@550	
│			└90	49,500	
└当月投入完成分	450	135,000	450	247,500	382,500

原 価 計 算 表　　　　　　　　　　（単位：kg, 円）

	直接材料費		加 工 費		合　計
	数量	金　額	換算量	金　額	
当 月 投 入	540	@300 162,000	585	@550 321,750	483,750
月 末 仕 掛 品	90	@300 27,000	45	@550 24,750	51,750
差　　引	450	135,000	540	297,000	432,000
月 初 仕 掛 品	150	38,100	60	34,290	72,390
完　成　品	600	173,100	600	331,290	504,390
┌月初仕掛品完成分	150	38,100	┌60	34,290	121,890
┤			┤	@550	
│			└90	49,500	
└当月投入完成分	450	135,000	450	247,500	382,500

復習問題

(問題 1) 総合原価計算とはどのような原価計算ですか。
(問題 2) 総合原価計算にはどのような方法がありますか。
(問題 3) 月末仕掛品原価の評価方法の平均法と先入先出法とはどのような方法ですか。

総合原価計算における仕損・減損の処理

第 6 章

Key Word
仕損　仕損品　減損　正常仕損　正常減損　異常仕損　異常減損　度外視法
非度外視法

1 仕損・減損とは

(1) 仕損

　仕損とは，個別原価計算でも学習したとおり，製造過程中に生じた失敗によって製品または仕掛品に不良品が発生したことをいい，仕損品とは仕損によって発生した製品または仕掛品をいう。

(2) 減損

　減損とは，加工中の蒸発，粉散，ガス化，煙化などにより減少した原材料部分をいう。減損は無形であり無価値である。
　個別原価計算において減損は，自動的に製造指図書中に含まれてしまうため，特別な処理は必要なかったが，総合原価計算においては減損について，仕損に準じた処理を行う必要がある。

2 仕損・減損の原価計算上の処理

　仕損・減損を処理する場合，その発生の仕方によって処理方法が異なる。

(1) 正常仕損・正常減損

　仕損・減損が通常不可避的に生じる程度のものであれば，これを原価に負担させることになる。このような仕損・減損を正常仕損・正常減損という。

(2) 異常仕損・異常減損

仕損・減損が通常生ずる程度を超えて発生したものであったり，異常な原因で発生したものであれば，原価には負担させず，非原価項目として処理する。このような仕損・減損を異常仕損・異常減損という。異常仕損費・異常減損費は，営業外費用または特別損失として処理される。

3 正常仕損・正常減損の処理方法

正常仕損・正常減損の処理方法には，度外視法と非度外視法がある。

度外視法とは，正常仕損・正常減損を計算上無視して，投入原価を月末仕掛品と完成品に按分する方法である。「原価計算基準　二七」において述べられている原則的な処理法である。

これに対して，非度外視法とは，正常仕損費・正常減損費を分離して把握したうえで，良品に負担させる方法である。原価計算基準によれば，例外的な方法である。

正常仕損費・正常減損費を良品に負担させる場合，完成品のみに負担させるか，月末仕掛品と完成品の両者に負担させるかは通常，その発生の仕方によって判断するが，計算方法には次のような特徴がある。

① 正常仕損・正常減損が工程の終点あるいは月末仕掛品の加工進捗度より後で発生している場合は，正常仕損費・正常減損費を完成品のみに負担させる。

② 正常仕損・正常減損が月末仕掛品の加工進捗度より前の一定点で発生している場合は，直接材料費，加工費を区別することなく，月末仕掛品と完成品の数量（絶対量）を基準に負担計算を行う。

③ 正常仕損・正常減損が工程を通じて平均的に発生している場合は，月末仕掛品と完成品の完成品換算量を基準に負担計算を行う。

正常仕損品に処分価値がある場合は，それを控除した金額が正常仕損費となる。

設例6-1

次の資料により，①平均法と②先入先出法で，月末仕掛品および完成品の原価を求めなさい。なお，正常減損は当月投入分のみから発生するものとし，その処理は度外視法によるものとする。

資料

1 生産データ

月初仕掛品	100 kg	(80%)
当月投入	1,000 kg	
合計	1,100 kg	
正常減損	100 kg	(30%)
月末仕掛品	200 kg	(70%)
完成品	800 kg	

( ) 内は加工進捗度を表している。

2 材料はすべて工程始点で投入される。

3 原価データ

月初仕掛品原価	直接材料費	40,000円
	加工費	36,000円
当月製造費用	直接材料費	411,000円
	加工費	396,100円

4 計算上生じる端数は，仕掛品原価と完成品原価については四捨五入して円の単位まで求め，単価の計算については四捨五入して小数点以下第3位まで求めるものとする。

解答

	月末仕掛品原価	完成品原価
①平均法	154,600円	728,800円
②先入先出法	155,863円	727,537円

解　説

① 平均法

〈**解法1**〉　図を使って解く方法

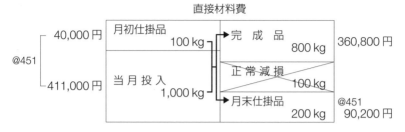

　正常減損の発生は月末仕掛品の加工進捗度より前なので，月末仕掛品と完成品の両方に負担させる。度外視法なので正常減損は無視して，月末仕掛品200 kgと完成品800 kgの数量の比率で按分する。

月末仕掛品直接材料費：$\dfrac{40,000 円 + 411,000 円}{800 \text{ kg} + 200 \text{ kg}} \times 200 \text{ kg} = 90,200 円$

完成品直接材料費：$(40,000 円 + 411,000 円) - 90,200 円 = 360,800 円$

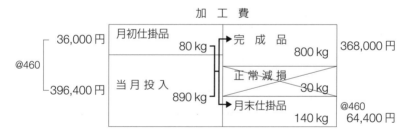

　正常減損は無視して，月末仕掛品140kgと完成品800kgの数量の比率で按分する。

月末仕掛品加工費：$\dfrac{36,000 円 + 396,400 円}{800 \text{ kg} + 140 \text{ kg}} \times 140 \text{ kg} = 64,400 円$

完成品加工費：$(36,000 円 + 396,400 円) - 64,400 円 = 368,000 円$

月末仕掛品原価：$90,200 円 + 64,400 円 = 154,600 円$

完成品原価：$360,800 円 + 368,800 円 = 728,800 円$

〈解法 2〉 ワークシートとしての原価計算表で解く方法

原価計算表で解く場合，月初仕掛品と当月投入の合計の下に正常減損の欄を作り，それを差し引いたところで単価を求めて月末仕掛品原価を求める。

原 価 計 算 表　　　　　　（単位：kg，円）

	直接材料費		加 工 費		合 計
	数量	金額	換算量	金額	
月 初 仕 掛 品	100	40,000	80	36,000	76,000
当 月 投 入	1,000	411,000	890	396,400	807,400
合　　　計	1,100	451,000	970	432,400	883,400
正 常 減 損	100	―	30	―	―
差　　　引	1,000	@451 451,000	940	@460 432,400	883,400
月 末 仕 掛 品	200	@451 90,200	140	@460 64,400	154,600
完 成 品	800	360,800	800	368,000	728,800

② 先入先出法

〈解法 1〉 図を使って解く方法

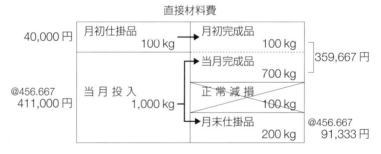

月初仕掛品は正常減損発生点より進捗度が後なので，減損は発生しないと考え，当月投入原価を月末仕掛品 200 kg と当月投入分の完成品 700 kg（＝ 800 kg － 100 kg）の数量の比率で按分する。

月末仕掛品直接材料費：$\dfrac{411,000 \text{円}}{(800 \text{kg} - 100 \text{kg}) + 200 \text{kg}} \times 200 \text{kg} \fallingdotseq 91,333 \text{円}$

完成品直接材料費：（40,000 円 ＋ 411,000 円）－ 91,333 円 ＝ 359,667 円

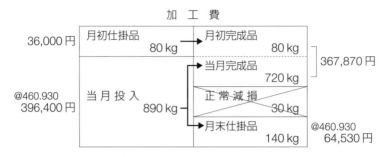

月初仕掛品80kgは減損しないで完成すると考え，月末仕掛品140kgと完成品720kg（＝800kg－80kg）の数量の比率で按分する。

月末仕掛品加工費：$\dfrac{396,400 円}{(800 kg - 80 kg) + 140 kg} \times 140 kg ≒ 64,530 円$

完成品加工費：（36,000 円＋396,400 円）－64,530 円＝367,870 円
月末仕掛品原価：91,333 円＋64,530 円＝155,863 円
完成品原価：359,667 円＋367,870 円＝727,537 円

〈解法2〉 ワークシートとしての原価計算表で解く方法

仕損・減損がある場合は当月投入を一番上に記入する形の原価計算表を使う。当月投入から正常減損を差し引いたところで単価を求め，月末仕掛品原価を求める。

原 価 計 算 表　　　（単位：kg，円）

	直接材料費		加 工 費		合 計
	数量	金　額	換算量	金　額	
当 月 投 入	1,000	411,000	890	396,400	807,400
正 常 減 損	100	—	30	—	—
差　　　引	900	@456.667 411,000	860	@460.930 396,400	807,400
月 末 仕 掛 品	200	@456.667 91,333	140	@460.930 64,530	155,863
差　　　引	700	319,667	720	331,870	651,537
月 初 仕 掛 品	100	40,000	80	36,000	76,000
完　成　品	800	359,667	800	367,870	727,537

設例6-2

設例6-1の問題を，正常減損の処理について非度外視法によって解きなさい。

[解答]

		月末仕掛品原価	完成品原価
①	平 均 法	155,283円	728,117円
②	先入先出法	156,658円	726,742円

[解説]

① 平均法

〈解法1〉 図を使って解く方法

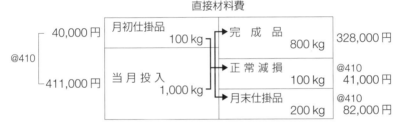

非度外視法なので正常減損100 kg，月末仕掛品200 kgと完成品800 kgの数量の比率で按分する。

月末仕掛品直接材料費：$\dfrac{40,000円 + 411,000円}{800\,kg + 200\,kg + 100\,kg} \times 200\,kg = 82,000円$

正常減損直接材料費： 〃 $\times 100\,kg = 41,000円$

完成品直接材料費：$(40,000円 + 411,000円) - (82,000円 + 41,000円)$
　　　　　　　　　$= 328,000円$

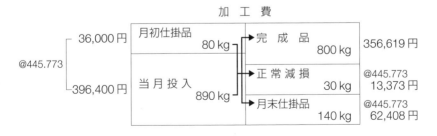

正常減損 30 kg，月末仕掛品 140 kg と完成品 800 kg の数量の比率で按分する。

月末仕掛品加工費：$\dfrac{36,000 円 + 396,400 円}{800 kg + 140 kg + 30 kg} \times 140 kg ≒ 62,408 円$

正常減損加工費：　　　〃　　　× 30 kg ≒ 13,373 円

完成品加工費：(36,000 円 + 396,400 円) − (62,408 円 + 13,373 円)
　　　　　　＝ 356,619 円

　計算された正常減損費は一定点発生なので，月末仕掛品と完成品の数量の比率でそれぞれに追加配賦する。

月末仕掛品正常減損費：$\dfrac{41,000 円 + 13,373 円}{800 kg + 200 kg} \times 200 kg ≒ 10,875 円$

完成品正常減損費：　　　〃　　　× 800 kg ≒ 43,498 円

月末仕掛品原価：82,000 円 + 62,408 円 + 10,875 円 = 155,283 円
完成品原価：328,000 円 + 356,619 円 + 43,498 円 = 728,117 円

〈解法2〉 ワークシートとしての原価計算表で解く方法

　原価計算表で解く場合，月初仕掛品と当月投入の合計の下に正常減損の欄を作り，それを差し引いたところで単価を求めて月末仕掛品原価を求める。

原 価 計 算 表　　　　　　（単位：kg，円）

| | 直接材料費 | | 加 工 費 | | 正常減損 | 合　計 |
	数量	金　額	換算量	金　額	追加配賦	
月初仕掛品	100	40,000	80	36,000		76,000
当 月 投 入	1,000	411,000	890	396,400		807,400
合　　　計	1,100	@410 451,000	970	@445.773 432,400		883,400
正 常 減 損	100	@410 41,000	30	@445.773 13,373	@54.373 △54,373	—
月末仕掛品	200	@410 82,000	140	@445.773 62,408	@54.373 10,875	155,283
完　成　品	800	328,000	800	356,619	@54.373 43,498	728,117

② 先入先出法

〈解法1〉 図を使って解く方法

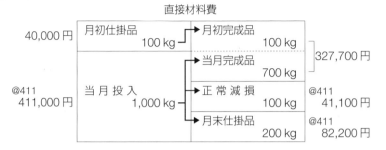

当月投入原価を正常減損100 kg，月末仕掛品200 kgと当月投入分の完成品700 kg（＝ 800 kg − 100 kg）の数量の比率で按分する。

月末仕掛品直接材料費：$\dfrac{411{,}000 \text{円}}{(800 \text{kg} - 100 \text{kg}) + 200 \text{kg} + 100 \text{kg}} \times 200 \text{kg}$
　　　　　　　　　　　＝ 82,200 円

正常減損直接材料費：　　　〃　　　× 100 kg
　　　　　　　　　　　＝ 41,100 円

完成品直接材料費：(40,000 円 + 411,000 円) − (82,200 円 + 41,100 円)
　　　　　　　　　＝ 327,700 円

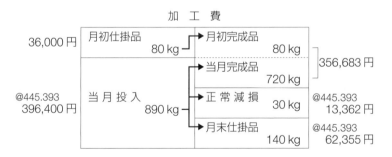

当月投入原価を，正常減損30kg，月末仕掛品140kgと完成品720kg（＝ 800kg − 80kg）の数量の比率で按分する。

月末仕掛品加工費：$\dfrac{396,400 \text{円}}{(800\text{kg} - 80\text{kg}) + 140\text{kg} + 30\text{kg}} \times 140\text{kg}$
　　　　　　　　≒ 62,355 円

正常減損加工費：　　　　〃　　　　× 30 kg
　　　　　　　　≒ 13,362 円

完成品加工費：(36,000 円 + 396,400 円) − (62,355 円 + 13,362 円)
　　　　　　　＝ 356,683 円

　計算された正常減損費は一定点発生なので，月末仕掛品と当月投入分の完成品の数量の比率でそれぞれに追加配賦する。

月末仕掛品正常減損費：$\dfrac{41,100 \text{円} + 13,362 \text{円}}{(800\text{kg} - 100\text{kg}) + 200\text{kg}} \times 200\text{kg}$ ≒ 12,103 円

完成品正常減損費：　　　　〃　　　　×（800 kg − 100 kg）
　　　　　　　　≒ 42,359 円
月末仕掛品原価：82,200 円 + 62,355 円 + 12,103 円 = 156,658 円
完成品原価：327,700 円 + 356,683 円 + 42,359 円 = 726,742 円

〈解法 2〉　ワークシートとしての原価計算表で解く方法
　非度外視法の場合は，追加配賦の欄を設けて，計算された正常減損を月末仕掛品と当月投入分の完成品の数量の比率で按分する。

原 価 計 算 表　　　　　　　　（単位：kg，円）

	直接材料費		加 工 費		正常減損追加配賦	合 計
	数量	金 額	換算量	金 額		
当 月 投 入	1,000	@411 411,000	890	@445.393 396,400		807,400
正 常 減 損	100	@411 41,100	30	@445.393 13,362	@60.513 △ 54,462	
月末仕掛品	200	@411 82,200	140	@445.393 62,355	@60.513 12,103	156,658
差　　　引 月初仕掛品	700 100	287,700 40,000	720 80	320,683 36,000	@60.513 42,359	650,742 76,000
完　成　品	800	327,700	800	356,683	42,359	726,742

設例6-3

以下の資料をもとにして、正常仕損が①工程終点で発生する場合、②50％の進捗度で発生する場合および③平均的に発生する場合の月末仕掛品原価、異常仕損費および完成品総合原価を計算しなさい。なお、月末仕掛品の原価は先入先出法によって計算する。

資料

1 生産データ

月初仕掛品	100個	（60％）
当月投入	1,200個	
合計	1,300個	
正常仕損	50個	
異常仕損	100個	（70％）
月末仕掛品	150個	（80％）
完成品	1,000個	

（　）内は加工進捗度を表している。

2 原価データ

月初仕掛品原価	直接材料費	68,000円
	加工費	41,400円
当月製造費用	直接材料費	840,000円
	加工費	837,800円

3 その他のデータ

（1）仕掛品の（　）内は、加工費の加工進捗度を示す。
（2）正常仕損および異常仕損はすべて月初仕掛品の加工作業とは関係なく、当月着手分から発生した。異常仕損の（　）内は、仕損の発生点を示す。
（3）計算に際しては、正常仕損量および異常仕損量の原価をそれぞれ分離して把握し、正常仕損費はこれを関係品に追加配賦する。
（4）仕損品には1個あたり30円の処分価額がある。仕損費を計算する場合、直接材料費から控除する。

解答

		月末仕掛品原価	異常仕損費	完成品原価
①	終点発生	190,200 円	116,700 円	1,475,800 円
②	50％で発生	198,779 円	122,266 円	1,461,655 円
③	平均的に発生	197,729 円	121,092 円	1,463,880 円

解説

① 正常仕損が終点発生

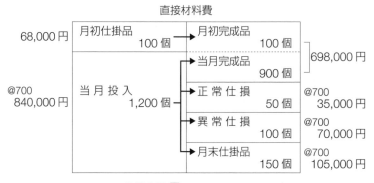

正常仕損直接材料費：$\dfrac{840,000 円}{1,200 個} \times 50 個 = 35,000 円$

異常仕損直接材料費：　〃　× 100 個 = 70,000 円

月末仕掛品直接材料費：　〃　× 150 個 = 105,000 円

完成品直接材料費：(68,000 円 + 840,000 円) − (105,000 円 + 35,000 円 + 70,000 円) = 698,000 円

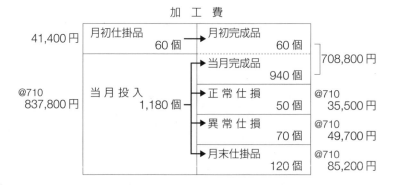

正常仕損加工費：$\dfrac{837,800 円}{1,180 個} \times 50 個 = 35,500 円$

異常仕損加工費：　　〃　　×70個＝49,700円

月末仕掛品加工費：　　〃　　×120個＝85,200円

完成品加工費：（41,400円＋837,800円）−（85,200円＋35,500円
　　　　　　＋49,700円）＝708,800円

正常仕損費：（35,000円−＠30円×50個）＋35,500円＝69,000円

異常仕損費：（70,000円−＠30円×100個）＋49,700円＝116,700円

終点発生の場合，正常仕損費は完成品のみが負担する。

月末仕掛品原価：105,000円＋85,200円＝190,200円

完成品原価：698,000円＋708,800円＋69,000円＝1,475,800円

② 正常仕損が進捗度50％の一定点で発生

　直接材料費の計算は①と同じ。

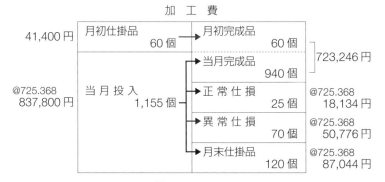

正常仕損加工費：$\dfrac{837,800 円}{1,155 個} \times 25 個 ≒ 18,134 円$

異常仕損加工費：　　〃　　×70個≒50,776円

月末仕掛品加工費：　　〃　　×120個≒87,044円

完成品加工費：（41,400円＋837,800円）−（87,044円＋18,134円
　　　　　　＋50,776円）＝723,246円

正常仕損費：（35,000円−＠30円×50個）＋18,134円＝51,634円

異常仕損費：（70,000円−＠30円×100個）＋50,776円＝117,776円

　進捗度50％の一定点で発生した場合，正常仕損費は月末仕掛品，異常仕損品および当月投入の完成品の数量の比率で追加配賦する。

月末仕掛品正常仕損費：$\dfrac{51,634 \text{円}}{(1,000 \text{個} - 100 \text{個}) + 150 \text{個} + 100 \text{個}} \times 150 \text{個}$
　　　　　　　　　　≒ 6,735 円

異常仕損品正常仕損費：　　　　〃　　　　× 100 個
　　　　　　　　　　≒ 4,490 円

完 成 品 正 常 仕 損 費：　　　　〃　　　　× 900 個
　　　　　　　　　　≒ 40,409 円

月末仕掛品原価：105,000 円 + 87,044 円 + 6,735 円 = 198,779 円
異常仕損費：117,776 円 + 4,490 円 = 122,266 円
完成品原価：698,000 円 + 723,246 円 + 40,409 円 = 1,461,655 円

③ 正常仕損が平均的に発生

　直接材料費と加工費の計算は②と同じ。平均的に発生する場合，正常減損の加工進捗度は 50 % と考える。

　平均的に発生する場合，正常仕損費は月末仕掛品，異常仕損品および当月投入の完成品の完成品換算数量の比率で追加配賦する。

月末仕掛品正常仕損費：$\dfrac{51,634 \text{円}}{(1,000 \text{個} - 100 \text{個}) + 120 \text{個} + 70 \text{個}} \times 120 \text{個}$
　　　　　　　　　　≒ 5,685 円

異常仕損品正常仕損費：　　　　〃　　　　× 70 個
　　　　　　　　　　≒ 3,316 円

完 成 品 正 常 仕 損 費：　　　　〃　　　　× 900 個
　　　　　　　　　　≒ 42,634 円

月末仕掛品原価：105,000 円 + 87,044 円 + 5,685 円 = 197,729 円
異常仕損費：117,776 円 + 3,316 円 = 121,092 円
完成品原価：698,000 円 + 723,246 円 + 42,634 円 = 1,463,880 円

復習問題

問題 1 　正常仕損（減損）度外視法とはどのような方法ですか。
問題 2 　正常仕損（減損）非度外視法とはどのような方法ですか。
問題 3 　異常仕損（減損）はどのように処理しますか。

工程別総合原価計算

第7章

Key Word
工程別総合原価計算　工程　累加法　非累加法　加工費工程別総合原価計算　加工費法

1 工程別総合原価計算とは

　工程別総合原価計算とは，製造部門において製造工程が2つ以上の連続する工程に分けられる場合，工程ごとにその工程製品の製造原価を計算する方法をいう。ここで工程とは，原価部門の一種で製造が完成するまでに製品が通過する製造部門のことである。

　工程別総合原価計算は，部門別計算と性質的に異なるものではなく，その目的も部門別計算と同様で，正確な製品原価の算定と原価管理である。

　複数の工程を通って完成する製品の原価を計算するとき，工程ごとの原価の違い・能率の違い・仕掛品在庫の違いなどを適切に反映し，より正確な原価の算定を行うとともに，各工程における原価能率を把握するために工程別総合原価計算は行われる。

2 工程別総合原価計算の計算体系

　工程別総合原価計算は，集計の方法および集計する原価の範囲によって分類できる。
　① 製造原価を集計する方法には，(1)累加法と，(2)非累加法がある。
　② 集計する製造原価の範囲によって，(1)全原価要素について工程別の計算を行う全原価要素工程別総合原価計算と，(2)加工費についてのみ工程別計算を行う加工費工程別総合原価計算とに区別できる。

　全原価要素工程別総合原価計算は，すべての原価要素を工程別に計算する方法で，一般的に実施される計算方法である。以下ではまず，この方法のもとで，累加法と非累加法について考察する。

(1) 累加法

　累加法とは，各工程における完成品を次工程に振り替える際に，その工程の完成品原価を振り替える工程別計算の方法をいう。

　つまり，加工対象物が工程を振り替えられていくたびに工程完了品原価を計算し，これに次工程で発生した原価を次々と付加していくことによって，製品原価を計算していく方法である。

　「原価計算基準二五　工程別総合原価計算」においては，「一工程から次工程へ振り替えられた工程製品の総合原価を，前工程費又は原料費として次工程の製造費用に加算する」とされ，工程別総合原価計算において累加法の計算方法が示されている。

　累加法によれば，各工程の完成品は前工程費と自工程費とを背負って次の工程費に振り替えられていく，いわば雪だるま式の計算となる。

図表7－1　累加法の計算体系

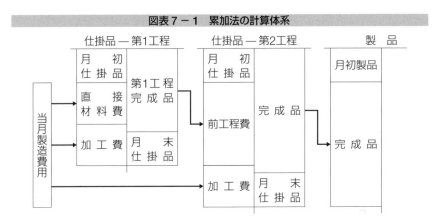

設例 7-1

以下の資料に基づいて，累加法による工程別総合原価計算（全原価要素工程別）を行い，仕掛品勘定に記入しなさい。

資料

1 生産データ

	第1工程		第2工程	
月初仕掛品	100 kg	(80%)	120 kg	(50%)
当月投入	800 kg		800 kg	
合計	900 kg		920 kg	
月末仕掛品	80 kg	(75%)	60 kg	(50%)
正常仕損	20 kg		10 kg	
完成品	800 kg		850 kg	

2 原価データ

		第1工程	第2工程
月初仕掛品原価	原料費（前工程費）	52,000円	113,600円
	加工費	36,000円	48,000円
当月製造費用	原料費	410,000円	—
	加工費	359,600円	681,800円

3 その他データ
① 原料はすべて第1工程の始点で投入される。（　）内は加工進捗度を示している。
② 月末仕掛品原価の計算は平均法による。
③ 第1工程の正常仕損は平均的に発生しており，第2工程は工程の終点で発生している。仕損品に評価額はなく，度外視法で計算する。

解答

仕掛品—第1工程　　　　　　（単位：円）

前月繰越	88,000	仕掛品—第2工程	788,000
原材料費	410,000	次月繰越	69,600
加工費	359,600		
	857,600		857,600

	仕掛品—第2工程		（単位：円）
前 月 繰 越	161,600	製　　　品	1,548,000
仕掛品—第1工程	788,000	次 月 繰 越	83,400
加 工 費	681,800		
	1,631,400		1,631,400

[解説]

① 第1工程

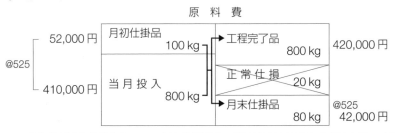

正常仕損は平均的発生なので，月末仕掛品と工程完了品の両方に負担させる。度外視法なので正常減損は無視して，月末仕掛品80kgと完成品800kgの数量の比率で按分する。

月末仕掛品原料費：$\dfrac{52{,}000円 + 410{,}000円}{800\,\text{kg} + 80\,\text{kg}} \times 80\,\text{kg} = 42{,}000\,円$

工程完了品原料費：（52,000円 + 410,000円） − 42,000円 = 420,000円

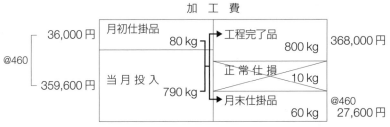

正常減損は無視して，月末仕掛品60kgと工程完了品800kgの数量の比率で按分する。

月末仕掛品加工費：$\dfrac{36{,}000円 + 359{,}600円}{800\,\text{kg} + 60\,\text{kg}} \times 60\,\text{kg} = 27{,}600\,円$

工程完了品加工費：（36,000円 + 359,600円） − 27,600円 = 368,000円
月末仕掛品原価：42,000円 + 27,600円 = 69,600円
工程完了品原価：420,000円 + 368,000円 = 788,000円

② 第2工程

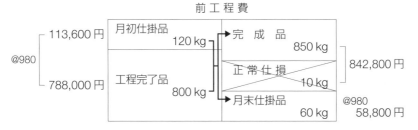

正常仕損の発生は工程終点なので，完成品のみに負担させる。月末仕掛品には負担させないので，月末仕掛品60 kgと完成品860 kg（正常仕損を加える）の数量の比率で按分する。

月末仕掛品前工程費：$\dfrac{113,600 円 + 788,000 円}{(850 \text{ kg} + 10 \text{ kg}) + 60 \text{ kg}} \times 60 \text{ kg} = 58,800 円$

完成品直接材料費：$(113,600 円 + 788,000 円) - 58,800 円 = 842,800 円$

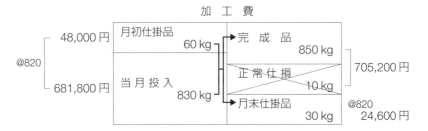

月末仕掛品30kgと完成品860kg（正常仕損を加える）の完成品換算数量の比率で按分する。

月末仕掛品加工費：$\dfrac{48,000 円 + 681,800 円}{(850 \text{ kg} + 10 \text{ kg}) + 30 \text{ kg}} \times 30 \text{ kg} = 24,600 円$

完成品加工費：$(48,000 円 + 681,800 円) - 24,600 円 = 705,200 円$
月末仕掛品原価：$58,800 円 + 24,600 円 = 83,400 円$
完成品原価：$842,800 円 + 705,200 円 = 1,548,000 円$

(2) 非累加法

非累加法とは，工程完了品を次工程へ振り替えても，その完了品原価は次工

程へ振り替えず、各費目ごとに各工程の月末仕掛品原価と最終工程完了品原価を計算する方法である。

つまり、加工対象物が次工程に振り替えられていく際に、工程完了品原価を計算しないで、製品原価を計算する。非累加法を用いると、費目ごとにそれぞれの工程で発生した原価がいくらであったかという工程別の原価の内訳情報を知ることができる。たとえば原料費は原料費だけ、第1工程加工費は第1工程加工費だけ、第2工程加工費は第2工程加工費だけというように、原価要素別に分けて計算する。

非累加法には、以下の2つの方法がある。

1) 工程全体を単一工程とみなして計算する方法

次工程以後に月初（月末）仕掛品が存在する場合、これらをあたかも単一工程において存在しているものとみなして月末仕掛品原価を求める方法である。通常、累加法と計算結果は一致しない。

2) 累加法と計算結果が一致する方法

この方法は、原価要素別に分けて最終工程完成品までの計算を行う点を除けば、計算原理自体は累加法と同じである。この方法では常に累加法と計算結果が一致するため、「前工程の計算結果が次工程に影響を与える」という累加法の欠点が克服されていない。

図表7－2 累加法の計算体系

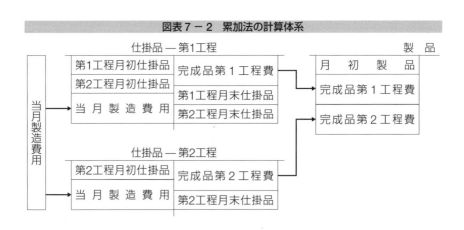

設例7−2

以下の資料を参考にして各問に答えなさい。

資料

1 生産データ

	第1工程		第2工程	
月初仕掛品	300 kg	(60%)	200 kg	(20%)
当月投入	5,700 kg		5,800 kg	
計	6,000 kg		6,000 kg	
月末仕掛品	200 kg	(50%)	300 kg	(50%)
完成品	5,800 kg		5,700 kg	

（注）（ ）内は加工進捗度を示す。

2 原価データ

	第1工程		第2工程
	原料費	加工費	加工費
月初仕掛品			
第1工程	48,340円	26,100円	―
第2工程	32,230円	29,000円	1,520円
当月製造費用	940,500円	928,928円	232,400円

3 その他
① 材料は第1工程の始点で投入している。
② 月末仕掛品の評価方法は，先入先出法を採用している。

問1 非累加法による工程別総合原価計算（非累加法の趣旨を徹底させる方法）を行い，勘定に記入しなさい。
問2 非累加法による工程別総合原価計算（累加法と計算結果が一致する方法）を行い，勘定に記入しなさい。

問 1

第 1 工程費　　　　　　　　　　　　（単位：円）

月初仕掛品原価		完成品総合原価	
原　料　費	80,570	原　料　費	938,570
加　工　費	55,100	加　工　費	919,068
計	135,670	計	1,857,638
当月製造費用		月末仕掛品原価	
原　料　費	940,500	原　料　費	82,500
加　工　費	928,928	加　工　費	64,960
計	1,869,428	計	147,460
	2,005,098		2,005,098

第 2 工程費　　　　　　　　　　　　（単位：円）

月初仕掛品原価		完成品総合原価	
加　工　費	1,520	加　工　費	227,920
当月製造費用		月末仕掛品原価	
加　工　費	232,400	加　工　費	6,000
	233,920		233,920

問 2

第 1 工程費　　　　　　　　　　　　（単位：円）

月初仕掛品原価		完成品総合原価	
原　料　費	80,570	原　料　費	938,630
加　工　費	55,100	加　工　費	919,230
計	135,670	計	1,857,860
当月製造費用		月末仕掛品原価	
原　料　費	940,500	原　料　費	82,440
加　工　費	928,928	加　工　費	64,798
計	1,869,428	計	147,238
	2,005,098		2,005,098

第2工程費	（単位：円）
月初仕掛品原価		完成品総合原価	
加　工　費	1,520	加　工　費	227,920
当月製造費用		月末仕掛品原価	
加　工　費	232,400	加　工　費	6,000
	233,920		233,920

【解説】

問1

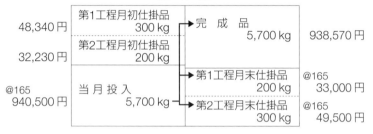

第1工程月末仕掛品原料費：$\dfrac{940,500\text{円}}{5,700\text{kg}} \times 200\text{kg} = 33,000\text{円}$

第2工程月末仕掛品原料費：　　〃　　× 300 kg = 49,500 円

完成品原料費：(48,340 円 + 32,230 円 + 940,500 円)
　　　　　　　－(33,000 円 + 49,500 円) = 938,570 円

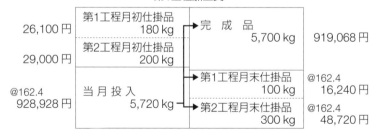

第1工程月末仕掛品第1工程加工費：$\dfrac{928,928\text{円}}{5,720\text{kg}} \times 100\text{kg} = 16,240\text{円}$

第2工程月末仕掛品第1工程加工費：　　〃　　× 300 kg = 48,720 円

完成品第1工程加工費：(26,100 円 + 29,000 円 + 928,928 円)
　　　　　　　　　　－(16,240 円 + 48,720 円) = 919,068 円

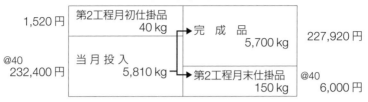

第2工程月末仕掛品第2工程加工費：$\dfrac{232,400 \text{円}}{5,810 \text{kg}} \times 150 \text{kg} = 6,000 \text{円}$

完成品第2工程加工費：$(1,520 \text{円} + 232,400 \text{円}) - 6,000 \text{円} = 227,920 \text{円}$

問2

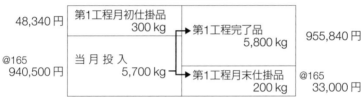

第1工程月末仕掛品原料費：$\dfrac{940,500 \text{円}}{5,700 \text{kg}} \times 200 \text{kg} = 33,000 \text{円}$

第1工程完了品原料費：$(48,340 \text{円} + 940,500 \text{円}) - 33,000 \text{円}$
$= 955,840 \text{円}$

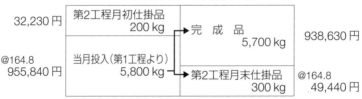

第2工程月末仕掛品原料費：$\dfrac{955,840 \text{円}}{5,800 \text{kg}} \times 300 \text{kg} = 49,440 \text{円}$

完成品原料費：$(32,230 \text{円} + 955,840 \text{円}) - 49,440 \text{円} = 938,630 \text{円}$

月末仕掛品原料費：$33,000 \text{円} + 49,440 \text{円} = 82,440 \text{円}$

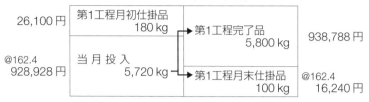

第1工程月末仕掛品第1工程加工費：$\dfrac{928,928\text{円}}{5,720\text{kg}} \times 100\text{kg} = 16,240\text{円}$

第1工程完了品第1工程加工費：$(26,100\text{円} + 928,928\text{円}) - 16,240\text{円}$
　　　　　　　　　　　　　$= 938,788\text{円}$

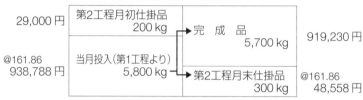

第2工程月末仕掛品第1工程加工費：$\dfrac{938,788\text{円}}{5,800\text{kg}} \times 300\text{kg} = 48,558\text{円}$

完成品第1工程加工費：$(29,000\text{円} + 938,788\text{円}) - 48,558\text{円} = 919,230\text{円}$

月末仕掛品加工費：$16,240\text{円} + 48,558\text{円} = 64,798\text{円}$

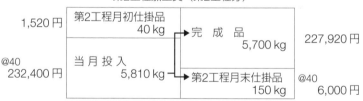

第2工程月末仕掛品第2工程費：$\dfrac{232,400\text{円}}{5,810\text{kg}} \times 150\text{kg} = 6,000\text{円}$

完成品第2工程費：$(1,520\text{円} + 232,400\text{円}) - 6,000\text{円} = 227,920\text{円}$

(3) 加工費工程別総合原価計算（加工費法）

　加工費工程別総合原価計算（加工費法）とは，原料がすべて最初の工程の始

点で投入され，その後の工程では，単にこれを加工するにすぎない場合において，各工程別に一期間の加工費を集計し，それに原料費を加算することによって完成品総合原価を計算する方法をいう。つまり，原料費を工程別に計算せず単一工程のように計算し，加工費のみを工程別に計算する方法である。

設例7−3

当社は，累加法による加工費工程別総合原価計算を採用している。以下の資料をもとにして，平均法で月末仕掛品原価を計算し，勘定に記入しなさい。

資料

1 生産データ

	第1工程		第2工程	
月初仕掛品	200 kg	(40 %)	120 kg	(50 %)
当月投入	1,650 kg		1,600 kg	
合計	1,850 kg		1,720 kg	
月末仕掛品	250 kg	(60 %)	150 kg	(40 %)
完成品	1,600 kg		1,570 kg	

(注) 1 （ ）内は加工進捗度を表す。
    2 材料はすべて第1工程の始点で投入される。

2 原価データ

	月初仕掛品原価	当月製造費用
材料費	316,060 円	1,650,000 円
加工費		
第1工程	82,250 円	1,753,500 円
第2工程		
前工程費	129,320 円	
自工程費	80,860 円	2,201,140 円

解答

材料費		(単位：円)	
前月繰越	316,060	製　　品	1,566,860
買掛金等	1,650,000	次月繰越	399,200
	1,966,060		1,966,060

	仕掛品—第1工程		（単位：円）
前 月 繰 越	82,250	仕掛品—第2工程	1,678,400
賃 金 等	1,753,500	次 月 繰 越	157,350
	1,835,750		1,835,750

	仕掛品—第2工程		（単位：円）
前 月 繰 越	210,180	製　　　品	3,848,070
仕掛品—第1工程	1,678,400	次 月 繰 越	241,650
賃 金 等	2,201,140		
	4,089,720		4,089,720

解説

月末仕掛品材料費：$\dfrac{316,060\text{円} + 1,650,000\text{円}}{1,570\text{kg} + 400\text{kg}} \times 400\text{kg} = 399,200\text{円}$

完成品材料費：$(316,060\text{円} + 1,650,000\text{円}) - 399,200\text{円}$
　　　　　　$= 1,566,860\text{円}$

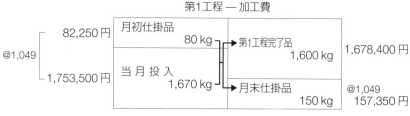

月末仕掛品第1工程加工費：$\dfrac{82,250\text{円} + 1,753,500\text{円}}{1,600\text{kg} + 150\text{kg}} \times 150\text{kg}$
　　　　　　　　　　　$= 157,350\text{円}$

完成品第1工程加工費：$(82,250\text{円} + 1,753,500\text{円}) - 157,350\text{円}$
　　　　　　　　　$= 1,678,400\text{円}$

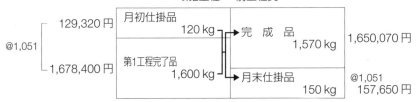

月末仕掛品第2工程前工程費：$\dfrac{129,320 円 + 1,678,400 円}{1,570 kg + 150 kg} \times 150 kg$
　　　　　　　　　　　　　　$= 157,650 円$

完成品第2工程前工程費：$(129,320 円 + 1,678,400 円) - 157,650 円$
　　　　　　　　　　　$= 1,650,070 円$

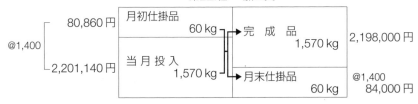

月末仕掛品第2工程加工費：$\dfrac{80,860 円 + 2,201,140 円}{1,570 kg + 60 kg} \times 60 kg = 84,000 円$

完成品第2工程加工費：$(80,860 円 + 2,201,140 円) - 84,000 円$
　　　　　　　　　　$= 2,198,000 円$

月末仕掛品：$157,650 円 + 84,000 円 = 241,650 円$

復習問題

(問題1) 工程別総合原価計算はどうして行うのですか。
(問題2) 全原価要素工程別総合原価計算とはどのような原価計算ですか。
(問題3) 加工費工程別総合原価計算とはどのような原価計算ですか。

組別総合原価計算

第8章

Key Word
組別総合原価計算　組直接費　組間接費

1 組別総合原価計算とは

　組別総合原価計算とは，同一の工程で2種類以上の異なる種類の製品，あるいは製品群を製造している場合に適用される原価計算である。各製品種類に対応する原価集計単位を「組」とよぶことから「組別」とよばれる。自動車，製鋼，光学機械，電器，化学，食品などの業種で適用される。

2 組別総合原価計算の計算方法

　組別総合原価計算は，当月製造費用を各組に配分してから計算するので，個別原価計算のような計算をする部分があることが特徴である。

　つまり，当月製造費用を，特定の製品種類（組）を製造するために発生したことがはっきり把握できる原価（組直接費）と，把握できない原価（組間接費）に区分する。この組直接費が個別原価計算における製造直接費，組間接費が製造間接費にあたる。そのため，組直接費については各組に賦課（直課）し，組間接費については各組に配賦する。

　各組の原価が集計できたら，組ごとに平均法や先入先出法によって，月末仕掛品原価および完成品原価を算定する。

　組別総合原価計算（単一工程組別総合原価計算）の計算体系は，次のようになる。

図表8-1 組別総合原価計算の計算体系

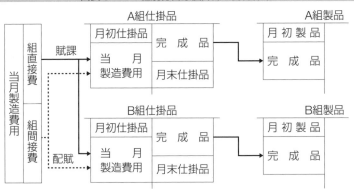

設例8-1

当社は、製品AとBを量産しており、組別総合原価計算を実施している。以下の資料に基づいて、各製品の月末仕掛品原価、完成品原価を算定しなさい。

資料

1 生産データ

	製品A		製品B	
月初仕掛品	800 kg	(25%)	1,000 kg	(30%)
当月投入	5,400 kg		8,000 kg	
合計	6,200 kg		9,000 kg	
正常減損	200 kg	(50%)	200 kg	(50%)
月末仕掛品	1,000 kg	(40%)	800 kg	(50%)
完成品	5,000 kg		8,000 kg	

2 原価データ

	製品A	製品B
月初仕掛品原価		
原料費	258,000円	236,200円
直接労務費	20,000円	25,600円
製造間接費	59,000円	38,000円
当月製造費用		
原料費	1,782,000円	1,864,200円
直接労務費	500,000円	653,400円
製造間接費	2,700,000円	

3 その他の資料
① 原料は，すべて始点で投入されている。
② 当月の製造間接費発生額は2,700,000円であり，直接作業時間を基準として，各製品に配賦する。
③ 各製品に要した直接作業時間は，A製品600時間，B製品400時間である。
④ 月末仕掛品の評価は，先入先出法による。
⑤ 正常減損は当月投入分のみから発生するものとし，その処理は度外視法による。

【解答】

	月末仕掛品原価	完成品原価
製品A	490,000円	3,749,000円
製品B	276,800円	3,620,600円

【解説】

1 製造間接費の配賦

製品A：$\dfrac{2,700,000 \text{円}}{600 \text{時間} + 400 \text{時間}} \times 600 \text{時間} = 1,620,000 \text{円}$

製品B：　　　〃　　　$\times 400 \text{時間} = 1,080,000 \text{円}$

2 製品Aの計算

正常減損の発生点が，月末仕掛品より後なので，正常減損費は完成品のみが負担する。

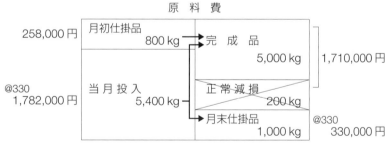

月末仕掛品原料費：$\dfrac{1,782,000 \text{円}}{5,000 \text{kg} + 1,000 \text{kg} + 200 \text{kg} - 800 \text{kg}} \times 1,000 \text{kg}$
　　　　　　　　$= 330,000 \text{円}$

完成品原料費：258,000円 + 1,782,000円 − 330,000円 = 1,710,000円

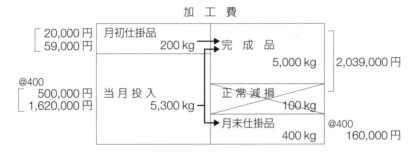

月末仕掛品加工費：

$$\frac{500,000 円 + 1,620,000 円}{5,000 kg + 1,000 kg \times 40\% + 200 kg \times 50\% - 800 kg \times 25\%}$$

$\times 1,000 kg \times 40\% = 160,000 円$

完成品加工費：20,000 円 + 59,000 円 + 500,000 円 + 1,620,000 円
　　　　　　− 160,000 円 = 2,039,000 円

月末仕掛品原価：330,000 円 + 160,000 円 = 490,000 円

完成品原価：1,710,000 円 + 2,039,000 円 = 3,749,000 円

3 製品Bの計算

正常減損の発生点が，月末仕掛品と同じなので，正常減損費は月末仕掛品と完成品の両者が負担する。

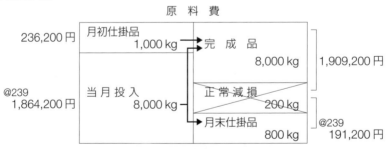

月末仕掛品原料費：$\dfrac{1,864,200 円}{8,000 kg + 800 kg - 1,000 kg} \times 800 kg = 191,200 円$

完成品原料費：236,200 円 + 1,864,200 円 − 191,200 円 = 1,909,200 円

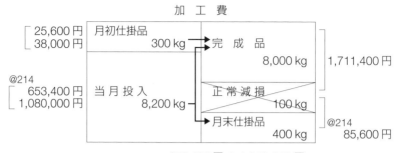

$$月末仕掛品加工費：\frac{653{,}400\,円 + 1{,}080{,}000\,円}{8{,}000\,kg + 800\,kg \times 50\% - 1{,}000\,kg \times 30\%}$$

$$\times\,800\,kg \times 50\% = 85{,}600\,円$$

完成品加工費：25,600 円 + 38,000 円 + 653,400 円 + 1,080,000 円
  - 85,600 円 = 1,711,400 円

月末仕掛品原価：191,200 円 + 85,600 円 = 276,800 円

完成品原価：1,909,200 円 + 1,711,400 円 = 3,620,600 円

設例 8 − 2

当社は，製品 A と B を連続する 2 つの工程によって量産しており，工程別組別総合原価計算（累加法）を採用している。以下の資料に基づいて，各製品の異常仕損費，月末仕掛品原価および完成品原価を計算しなさい。

資料

1 生産データ

	製品 A		製品 B	
	第1工程	第2工程	第1工程	第2工程
月初仕掛品	300 個（0.5）	400 個（0.5）	500 個（0.4）	600 個（0.6）
当月投入	2,200 個	2,000 個	3,100 個	3,200 個
合　計	2,500 個	2,400 個	3,600 個	3,800 個
正常仕損	―	―	―	100 個（0.4）
異常仕損	―	100 個（1.0）	―	―
月末仕掛品	500 個（0.4）	500 個（0.6）	400 個（0.5）	700 個（0.5）
完　成　品	2,000 個	1,800 個	3,200 個	3,000 個

2 原価データ
① 月初仕掛品原価

	製品A		製品B	
	第1工程	第2工程	第1工程	第2工程
原 料 費	107,500円		127,200円	
前 工 程 費		263,600円		245,700円
加 工 費	41,200円	50,200円	36,250円	61,500円

② 当月製造費用
(1) 原料の実際消費額は，次のとおりである。
　　製品A　　150円/kg × 5,400kg ＝ 810,000円
　　製品B　　130円/kg × 6,200kg ＝ 806,000円
(2) 加工費は，直接作業時間を基準に正常配賦している。正常配賦率算定の基準となる加工費予算（公式法変動予算）は，次のとおりである。
　　第1工程：　予算額　1,176,000円　　基準操業度　2,800時間
　　第2工程：　予算額　1,050,000円　　基準操業度　3,000時間
(3) 各工程の実際直接作業時間は，次のとおりである。
　　第1工程：　製品A　1,400時間　　製品B　1,400時間
　　第2工程：　製品A　1,450時間　　製品B　1,495時間

3 その他の資料
① 原料は，すべて第1工程の始点で投入されており，（　）内の数値は加工進捗度である。
② 月末仕掛品の評価は，製品Aが平均法，製品Bが先入先出法で行い，正常仕損費の処理は度外視の方法による。なお，製品Bの仕損はすべて当月投入分のみから生じており，各製品とも仕損品に評価額はない。
③ 各製品に要した直接作業時間は，A製品600時間，B製品400時間である。

【解答】

	異常仕損費	月末仕掛品原価	完成品原価
製品A	90,750円	403,050円	1,633,500円
製品B	—	381,150円	1,866,000円

【解説】
1 第1工程加工費の配賦

$$製品A：\frac{1,176,000円}{2,800時間} \times 1,400時間 = 588,000円$$

　　　製品B：　　〃　　　× 1,400時間 ＝ 588,000円

2 第2工程加工費の配賦

製品A：$\dfrac{1,050,000\text{円}}{3,000\text{時間}} \times 1,450\text{時間} = 507,500\text{円}$

製品B： 〃 $\times 1,495\text{時間} = 523,250\text{円}$

3 製品Aの計算
① 第1工程

月末仕掛品原料費：$\dfrac{107,500\text{円} + 810,000\text{円}}{2,000\text{個} + 500\text{個}} \times 500\text{個} = 183,500\text{円}$

完了品原料費：107,500円 + 810,000円 − 183,500円 = 734,000円

月末仕掛品加工費：$\dfrac{41,200\text{円} + 588,000\text{円}}{2,000\text{個} + 500\text{個} \times 0.4} \times 500\text{個} \times 0.4$
　　　　　　　　＝ 57,200円

完了品加工費：41,200円 + 588,000円 − 57,200円 = 572,000円

月末仕掛品原価：183,500円 + 57,200円 = 240,700円
完了品原価：734,000円 + 572,000円 = 1,306,000円

② 第2工程

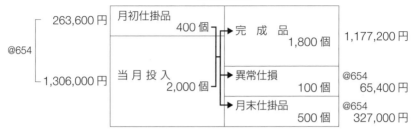

月末仕掛品原料費：$\dfrac{263,600 \text{円} + 1,306,000 \text{円}}{1,800 \text{個} + 500 \text{個} + 100 \text{個}} \times 500 \text{個} = 327,000 \text{円}$

異 常 仕 損 費： 〃 × 100 個 ＝ 65,400 円

完成品原料費：263,600 円 ＋ 1,306,000 円 － 327,000 円 － 65,400 円
　　　　　　　＝ 1,177,200 円

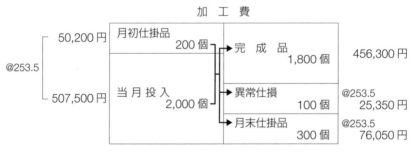

月末仕掛品加工費：$\dfrac{50,200 \text{円} + 507,500 \text{円}}{1,800 \text{個} + 500 \text{個} \times 0.6 + 100 \text{個}} \times 500 \text{個} \times 0.6$
　　　　　　　　＝ 76,050 円

異 常 仕 損 費： 〃 × 100 個 ＝ 25,350 円

完成品加工費：50,200 円 ＋ 507,500 円 － 76,050 円 － 25,350 円
　　　　　　　＝ 456,300 円

月末仕掛品原価：327,000 円 ＋ 76,050 円 ＝ 403,050 円

異常仕損費：65,400 円 ＋ 25,350 円 ＝ 90,750 円

完成品原価：1,177,200 円 ＋ 456,300 円 ＝ 1,633,500 円

4 製品Bの計算

① 第1工程

月末仕掛品原料費：$\dfrac{806{,}000\text{円}}{3{,}200\text{個}+400\text{個}-500\text{個}} \times 400\text{個} = 104{,}000\text{円}$

完了品原料費：127,200円 + 806,000円 − 104,000円 = 829,200円

月末仕掛品加工費：$\dfrac{588{,}000\text{円}}{3{,}200\text{個}+400\text{個}\times 0.5 - 500\text{個}\times 0.4} \times 400\text{個} \times 0.5 = 36{,}750\text{円}$

完了品加工費：36,250円 + 588,000円 − 36,750円 = 587,500円

月末仕掛品原価：104,000円 + 36,750円 = 140,750円

完了品原価：829,200円 + 587,500円 = 1,416,700円

② 第2工程

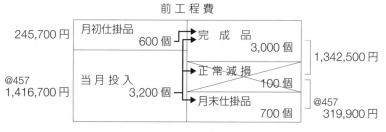

月末仕掛品前工程費：$\dfrac{1,416,700 \text{円}}{3,000 \text{個} + 700 \text{個} - 600 \text{個}} \times 700 \text{個}$
　　　　　　　＝ 319,900 円

完成品前工程費：245,700 円 ＋ 1,416,700 円 － 319,900 円 ＝ 1,342,500 円

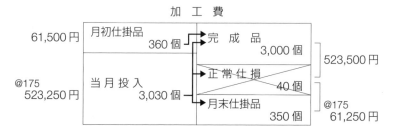

月末仕掛品加工費：
$\dfrac{523,250 \text{円}}{3,000 \text{個} + 700 \text{個} \times 0.5 - 600 \text{個} \times 0.6} \times 700 \text{個} \times 0.5$
＝ 61,250 円

完成品加工費：61,500 円 ＋ 523,250 円 － 61,500 円 ＝ 523,500 円

月末仕掛品原価：319,900 円 ＋ 61,250 円 ＝ 381,150 円

完成品原価：1,342,500 円 ＋ 523,500 円 ＝ 1,866,000 円

復習問題

(問題1) 組直接費，組間接費とはどのような原価ですか。
(問題2) 組別総合原価計算とはどのような原価計算ですか。
(問題3) 組別総合原価計算の計算方法を説明してください。

等級別総合原価計算

第9章

Key Word

等級別総合原価計算　等価係数　製品の品質基準　原価材の消費量基準
単純総合原価計算に近い方法　組別総合原価計算に近い方法

1 等級別総合原価計算とは

　等級別総合原価計算は、同一工程において同種製品あるいは製品群を連続生産するが、その製品を形状、大きさ、品位等によって等級に区別する場合に適用する総合原価計算である。等級別総合原価計算は、単一製品の原価しか計算しない単純総合原価計算と、製品種類別の製品原価の計算をきちんと行う組別総合原価計算の中間に位置する原価計算である。

　等級別総合原価計算においては、等級ごとに区別された製品（等級製品）について適当な等価係数を定め、一期間における完成品の総合原価または一期間の製造費用を、等価係数に基づいて各等級製品に按分して、その製品原価を計算する。

　等価係数とは、等級製品の生産量を共通の原価計算単位に換算するための係数であり、この等価係数の設定方法には、次の2つがある。

(1) 製品の品質基準

　各等級製品の重量、長さ、面積、純分度、熱量、硬度など、原価の発生と関連のある製品の諸性質に基づいて等価係数を設定する。

(2) 原価財の消費量基準

　各等級製品の標準材料消費量、標準作業時間など、各原価要素または原価要素群の発生と関連ある物量数値等に基づいて等価係数を設定する。

2 等級別総合原価計算の計算方法

　等級別総合原価計算は，単純総合原価計算と組別総合原価計算の中間に位置する原価計算であり，製品群別の製品原価を計算するための簡便的な原価計算であることから，どの程度簡便な計算をするかによって，等級別総合原価計算には，次の3つの計算方法がある。

　①　単純総合原価計算に近い方法（完成品のみを等級別計算する方法）
　②　単純総合原価計算に近い方法（原価要素別に等級別計算する方法）
　③　組別総合原価計算に近い方法

　以下では，この3つの計算方法を考察する。

(1) 単純総合原価計算に近い方法
　　（完成品のみを等級別計算する方法）

　この方法は最も簡便な方法で，単純総合原価計算によって，完成品原価と月末仕掛品原価が計算された後，完成品原価のみを各等級製品に按分する方法である。

図表9－1　単純総合原価計算に近い方法（完成品のみを等級別計算）

```
          等級製品A＋B
月初仕掛品   ×××
当月投入    ×××
    計     ×××
                        等価係数   ┌─→ 等級製品A
月末仕掛品   ×××          │      │
完成品     ×××  ─────┘──→ 等級製品B
```

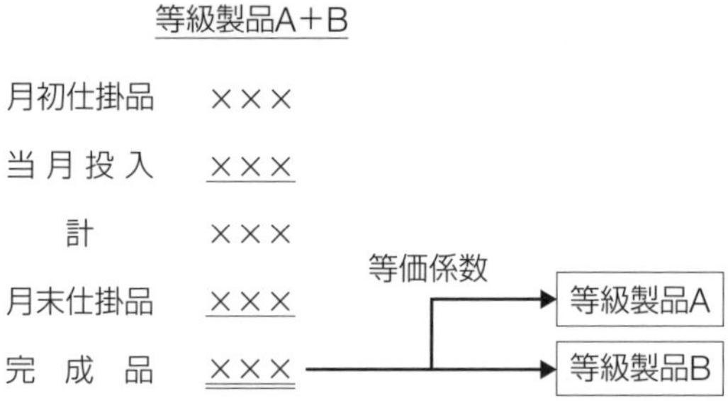

設例 9-1

以下の資料に基づいて，等級別総合原価計算を行い，月末仕掛品原価および各等級製品の完成品原価を求めなさい。

資料

1 生産データ

月初仕掛品	600個	（50％）
当月投入	9,800個	
合計	10,400個	
正常仕損品	400個	
月末仕掛品	1,000個	（60％）
完成品	9,000個	

完成品内訳
- 等級製品A　3,000個
- 等級製品B　6,000個

2 原価データ

月初仕掛品原価
- 直接材料費　　76,000円
- 加工費　　　　69,000円

当月製造費用
- 直接材料費　1,276,000円
- 加工費　　　2,331,000円

3 その他データ

① 等価係数　　A製品 1 ： B製品 0.6
② 直接材料は，すべて始点で投入されている。
③ 月末仕掛品の評価は，平均法による。
④ 正常仕損は工程の終点で発生し，度外視法によってすべて良品に負担させる。
⑤ （　）内は加工進捗度を示す。

解答

月末仕掛品原価	274,000円
等級製品A完成品原価	1,580,909円
等級製品B完成品原価	1,897,091円

【解 説】
① 月末仕掛品原価の計算

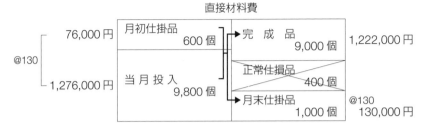

　正常減損は工程の終点発生なので、完成品のみに負担させる。度外視法でも、非度外視法でも結果は同じである。

$$月末仕掛品直接材料費：\frac{76,000円 + 1,276,000円}{9,000個 + 1,000個 + 400個} \times 1,000個$$
$$= 130,000円$$

完成品直接材料費：$(76,000円 + 1,276,000円) - 130,000円$
$$= 1,222,000円$$

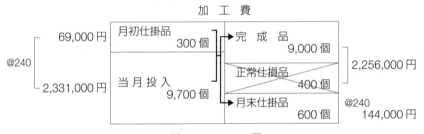

$$月末仕掛品加工費：\frac{69,000円 + 2,331,000円}{9,000個 + 600個 + 400個} \times 600個 = 144,000円$$

完成品加工費：$(69,000円 + 2,331,000円) - 144,000円 = 2,256,000円$

月末仕掛品原価：$130,000円 + 144,000円 = 274,000円$
完成品原価：$1,222,000円 + 2,256,000円 = 3,478,000円$

② 完成品原価の按分

$$等級製品A：\frac{3,478,000円}{3,000個 + 6,000個 \times 0.6} \times 3,000個 ≒ 1,580,909円$$

$$等級製品B：\qquad 〃 \qquad \times 6,000個 \times 0.6 ≒ 1,897,091円$$

等級別原価計算表

製品	数量	等価係数	積数	比率	総合原価	単位原価
A	3,000個	1.0	3,000	45.5%	1,580,909円	527.0円/個
B	6,000個	0.6	3,600	54.5%	1,897,091円	316.2円/個
計	9,000個		6,600	100.0%	3,478,000円	

(2) 単純総合原価計算に近い方法
（原価要素別に等級別計算する方法）

　この方法は，完成品と月末仕掛品への按分計算を行うとともに，各等級製品への按分計算も行うものである。(1)の計算法と比較してより正確な計算ができる。計算の手順は以下のようになる。

① 　原価要素別の等価係数を用いて，完成品と月末仕掛品への按分計算の基準となる数量データを積数データに換算する
② 　統一された積数データに基づき，月初仕掛品原価と当月製造費用を各等級製品の完成品と月末仕掛品に按分する

図表9－2　単純総合原価計算に近い方法（原価要素別に等級別計算）

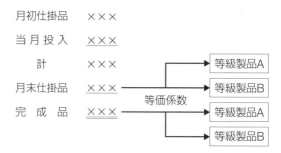

||設例9－2||

　以下の資料に基づいて単純総合原価計算に近い等級総合原価計算を行い，各等級製

品の月末仕掛品原価および完成品原価を求めなさい。

資料

1 生産データ

	等級製品A		等級製品B	
月初仕掛品	200個	(50％)	400個	(50％)
当月投入	3,300個		6,500個	
合計	3,500個		6,900個	
正常仕損品	100個		300個	
月末仕掛品	400個	(60％)	600個	(60％)
完成品	3,000個		6,000個	

2 原価データ

	A製品	B製品
月初仕掛品原価		
材料費	26,500円	42,480円
加工費	36,647円	36,647円
当月製造費用		
材料費	1,275,000円	
加工費	2,327,906円	

3 その他データ

① 等価係数

等級製品	A	B
材料費	1	0.8
加工費	1	0.5

② 材料は,すべて始点で投入されている。
③ 月末仕掛品の評価は,平均法による。
④ 正常仕損は工程の終点で発生し,非度外視法によってすべて良品に負担させる。
⑤ (　)内は加工進捗度を示す。

解答

	月末仕掛品原価	完成品原価
等級製品A	146,000円	1,577,900円
等級製品B	136,320円	1,884,960円

【解説】

① 積数の算定

直接材料費

	等級製品A	等級製品B	計
完成品	3,000個	6,000個 × 0.8 = 4,800個	7,800個
月末仕掛品	400個	600個 × 0.8 = 480個	880個
正常仕損品	100個	300個 × 0.8 = 240個	340個
月初仕掛品	200個	400個 × 0.8 = 320個	520個

加工費

	等級製品A	等級製品B	計
完成品	3,000個	6,000個 × 0.5 = 3,000個	6,000個
月末仕掛品	400個 × 60% = 240個	600個 × 60% × 0.5 = 180個	420個
正常仕損品	100個	300個 × 0.5 = 150個	250個
月初仕掛品	200個 × 50% = 100個	400個 × 50% × 0.5 = 100個	200個

② 月末仕掛品原価等の計算

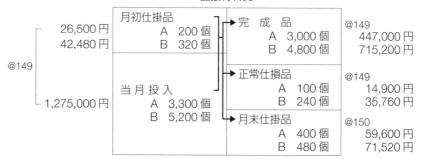

正常減損は工程の終点発生なので，完成品のみに負担させる。非度外視法で計算してから完成品に加算する。

月末仕掛品A直接材料費： $\dfrac{26,500円 + 42,480円 + 1,275,000円}{7,800個 + 880個 + 340個} \times 400個$

= 59,600円

月末仕掛品B直接材料費： 〃 × 480個

= 71,520円

正常仕損品A直接材料費：$\dfrac{26,500 円 + 42,480 円 + 1,275,000 円}{7,800 個 + 880 個 + 340 個} \times 100 個$
　　　　　　　　　　　　$= 14,900 円$

正常仕損品B直接材料費：　　　〃　　　$\times 240 個$
　　　　　　　　　　　　$= 35,760 円$

完 成 品 A 直接材料費：　　　〃　　　$\times 3,000 個$
　　　　　　　　　　　　$= 447,000 円$

完 成 品 B 直接材料費：　　　〃　　　$\times 4,800 個$
　　　　　　　　　　　　$= 715,200 円$

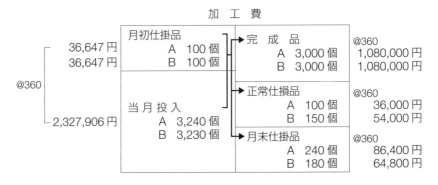

月末仕掛品A加工費：$\dfrac{36,647 円 + 36,647 円 + 2,327,906 円}{6,000 個 + 420 個 + 250 個} \times 240 個$
　　　　　　　　　$= 86,400 円$

月末仕掛品B加工費：　　　〃　　　$\times 180 個$
　　　　　　　　　$= 64,800 円$

正常仕損品A加工費：　　　〃　　　$\times 100 個$
　　　　　　　　　$= 36,000 円$

正常仕損品B加工費：　　　〃　　　$\times 150 個$
　　　　　　　　　$= 54,000 円$

完 成 品 A 加工費：　　　〃　　　$\times 3,000 個$
　　　　　　　　　$= 1,080,000 円$

完 成 品 B 加工費：　　　〃　　　$\times 3,000 個$
　　　　　　　　　$= 1,080,000 円$

月末仕掛品A原価：59,600円 + 86,400円 = 146,000円

月末仕掛品B原価：71,520円 + 64,800円 = 136,320円

完成品A原価：447,000円 + 1,080,000円 + 14,900円 + 36,000円
　　　　　= 1,577,900円

完成品B原価：715,200円 + 1,080,000円 + 35,760円 + 54,000円
　　　　　= 1,884,960円

(3) 組別総合原価計算に近い方法

この方法は，まず当月製造費用を各等級製品に按分してから，各等級製品の完成品と月末仕掛品とをそれぞれ計算する。計算の手順は以下のようになる。

図表9−3　組別総合原価計算に近い方法

	A等級品		B等級品
月初仕掛品	×××		×××
当月投入	×××	←等価係数　当期製造費用　等価係数→	×××
計	×××		×××
月末仕掛品	×××		×××
完成品	×××		×××

設例9−3

設例9−2の資料をもとにして，等級別総合原価計算を行い，各製品の月末仕掛品原価および完成品原価を求めなさい。なお，計算にあたっては，当月製造費用を各等級製品ごとに按分し，その後，各等級製品ごとに独立して計算する方法によること。

解答

	月末仕掛品原価	完成品原価
等級製品A	146,000円	1,577,899円
等級製品B	136,320円	1,884,961円

解説

① 当月製造費用の算定

直接材料費

等級製品A：$\dfrac{1,275,000\text{円}}{3,300\text{個} + 6,500\text{個} \times 0.8} \times 3,300\text{個} = 495,000\text{円}$

等級製品B：$\dfrac{1,275,000\text{円}}{3,300\text{個} + 6,500\text{個} \times 0.8} \times 6,500\text{個} \times 0.8 = 780,000\text{円}$

加工費

等級製品A換算総量：3,000個 + 400個 × 60％ + 100個 − 200個 × 50％
　　　　　　　　　＝ 3,240個

等級製品B換算総量：6,000個 + 600個 × 60％ + 300個 − 400個 × 50％
　　　　　　　　　＝ 6,460個

等級製品A：$\dfrac{2,327,906\text{円}}{3,240\text{個} + 6,460\text{個} \times 0.5} \times 3,240\text{個} = 1,165,752\text{円}$

等級製品B：$\dfrac{2,327,906\text{円}}{3,240\text{個} + 6,460\text{個} \times 0.5} \times 6,460\text{個} \times 0.5 = 1,162,154\text{円}$

② 等級製品Aの計算

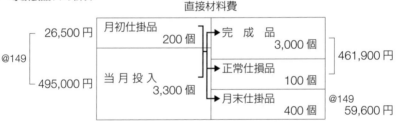

正常減損は工程の終点発生なので，完成品のみに負担させる。度外視法でも，非度外視法でも結果は同じである。

月末仕掛品直接材料費：$\dfrac{26,500\text{円} + 495,000\text{円}}{3,000\text{個} + 100\text{個} + 400\text{個}} \times 400\text{個} = 59,600\text{円}$

完成品直接材料費：(26,500円 + 495,000円) − 59,600円 = 461,900円

月末仕掛品加工費：$\dfrac{36,647 円 + 1,165,752 円}{3,000 個 + 100 個 + 240 個} \times 240 個 ≒ 86,400 円$

完成品加工費：$(36,647 円 + 1,165,752 円) - 86,400 円 = 1,115,999 円$

月末仕掛品原価：$59,600 円 + 86,400 円 = 146,000 円$

完成品原価：$461,900 円 + 1,115,999 円 = 1,577,899 円$

③ 等級製品Bの計算

正常減損は工程の終点発生なので，完成品のみに負担させる。度外視法でも，非度外視法でも結果は同じである。

月末仕掛品直接材料費：$\dfrac{42,480 円 + 780,000 円}{6,000 個 + 600 個 + 300 個} \times 600 個 = 71,520 円$

完成品直接材料費：$(42,480 円 + 780,000 円) - 71,520 円 = 750,960 円$

月末仕掛品加工費：$\dfrac{36,647 円 + 1,162,154 円}{6,000 個 + 360 個 + 300 個} \times 360 個 ≒ 64,800 円$

完成品加工費：$(36,647 円 + 1,162,154 円) - 64,800 円 = 1,134,001 円$

月末仕掛品原価：$71,520 円 + 64,800 円 = 136,320 円$

完成品原価：$750,960 円 + 1,134,001 円 = 1,884,961 円$

復習問題

(問題1) 等価係数とはどのようなものですか。
(問題2) 等級別総合原価計算とはどのような原価計算ですか。
(問題3) 等級別総合原価計算の3つの計算方法について説明してください。

連産品原価計算

第**10**章

Key Word
連産品　連結原価　結合原価　産出量基準　正常市価基準　副産物　作業屑

1 連産品原価計算とは

　連産品は，同一工程において同一原料から生産される異種の製品であって，相互に主製品か，副製品（副産物）かを明確に区別できないもので，石油精製業のような業種でよくみられる。

　連産品を生産する過程で，複数の製品のために共通に発生し，特定のどの製品のためにいくらかかったかを合理的に算定できない原価を連結原価（または結合原価）という。

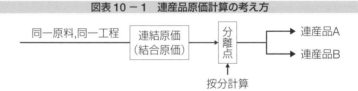

図表10－1　連産品原価計算の考え方

　連産品原価計算では，共通の原料からある連産品が分離していくポイント（分離点）までに発生した原価（連結原価）は，総合原価計算の方法によって合理的に計算できる。しかし，その連結原価がそれぞれの連産品ごとにいくら発生したかを合理的に算定することはできない。そこで，連結原価を何らかの基準に基づいて按分しなければならない。

　連結原価を按分するためには，次の基準が考えられる。
　① 産出量基準：連産品の産出量を統一的物量尺度で測定し，これを基準に按分する方法
　② 正常市価基準：連産品の正常市価（分離点後の個別費があれば，正常市

価から正常個別費を差し引く）に基づく等価係数に産出量を乗じた積数の比で按分する方法

連産品の原価計算の場合，一般的には②が用いられる。これは負担能力主義の考え方である。連産品は同一原料から産出される異種製品なので，どれだけの原料がどの製品に転嫁したかで計算する価値移転主義の考え方がとりにくい。そこで，これだけで売れるからこれだけの原価を負担させるべきだと考える。

設例10−1

当社では，同一製造工程，同一原料から製品A，BおよびCの連産品が生産させる。次の資料に基づいて，各連産品の分離点後の実際製造原価を，①生産量基準と，②正常市価基準で計算しなさい。

資料

1 原価データ

分離点までの実際連結原価
原料費　6,752,000円　　加工費　2,248,000円

2 連産品の生産量と正常販売単価，分離後正常個別原価

	生産量	販売単価	分離後個別加工費
製品A	10,000 kg	560 円/kg	150 円/kg
製品B	6,000 kg	710 円/kg	160 円/kg
製品C	4,000 kg	830 円/kg	180 円/kg

3 連産品の実際販売単価，分離後実際個別原価

	販売単価	分離後個別加工費
製品A	570 円/kg	1,514,000 円
製品B	717 円/kg	1,068,000 円
製品C	834 円/kg	716,000 円

解答

		製品A	製品B	製品C
①	生産量基準	6,014,000 円	3,768,000 円	2,516,000 円
②	正常市価基準	5,204,000 円	4,038,000 円	3,056,000 円

【解説】

1 連結原価の計算
　　6,752,000 円 + 2,248,000 円 = 9,000,000 円

2 正常市価の計算
　正常市価は，分離点で認識するため，販売単価，分離後個別費などはすべて見積（正常・予定）の数値を使って計算する。
　　　　製品A：(560 円 − 150 円) × 10,000 kg = 　4,100,000 円
　　　　製品B：(710 円 − 160 円) × 　6,000 kg = 　3,300,000 円
　　　　製品C：(830 円 − 180 円) × 　4,000 kg = 　2,600,000 円
　　　　　　　　　　　　　　　　　　　　　　　　10,000,000 円

3 各連産品への連結原価の按分
　① 生産量基準
　　　製品A：$\dfrac{9,000,000 \text{円}}{10,000\text{kg} + 6,000\text{kg} + 4,000\text{kg}}$ × 10,000 kg = 4,500,000 円

　　　製品B：　　　　〃　　　　　　× 　6,000 kg = 2,700,000 円

　　　製品C：　　　　〃　　　　　　× 　4,000 kg = 1,800,000 円

　② 正常市価基準
　　　製品A：$\dfrac{9,000,000 \text{円}}{10,000,000 \text{円}}$ × 4,100,000 円 = 3,690,000 円

　　　製品B：　　〃　　　× 3,300,000 円 = 2,970,000 円

　　　製品C：　　〃　　　× 2,600,000 円 = 2,340,000 円

4 実際製造原価の算定
　按分された連結原価に，実際分離後加工費を加算する。
　① 生産量基準
　　　製品A：4,500,000 円 + 1,514,000 円 = 6,014,000 円
　　　製品B：2,700,000 円 + 1,068,000 円 = 3,768,000 円
　　　製品C：1,800,000 円 + 　716,000 円 = 2,516,000 円
　② 正常市価基準
　　　製品A：3,690,000 円 + 1,514,000 円 = 5,204,000 円
　　　製品B：2,970,000 円 + 1,068,000 円 = 4,038,000 円
　　　製品C：2,340,000 円 + 　716,000 円 = 3,056,000 円

2 副産物, 作業屑の計算

　副産物とは, 同一工程, 同一原材料から必然的に生産される生産物で, 他の生産物に比べて経済的価値が低く, 主製品として扱わないもののことである。連産品に似ているが, 経済的価値が低いことで区別される。

　作業屑とは, 製品の製造中に生じる材料の切り屑や残り屑などで, 経済的価値があるもののことである。投入した原材料のうち製品にならない部分という点で減損に似ているが, 経済的価値があるという点で減損とは異なる。

　副産物と作業屑の処理と評価は同じである。副産物および作業屑の評価方法は, 売却する場合, 自家消費する場合および軽微な場合によって異なる。これは個別原価計算と同じである。基本的には, 見積売却価額あるいは原価節約額をもとにして評価する。

　この見積売却価額や原価節約額に基づいて評価された金額を, 製造原価から控除して月末仕掛品と完成品の原価を計算する。このとき, 副産物や作業屑の分離点あるいは発生点の進捗度と月末仕掛品の進捗度の大小関係によって, 処理方法が異なる。

① 分離点・発生点の進捗度 ＞ 月末仕掛品の進捗度
　評価額控除前の製造原価を月末仕掛品と完成品に按分して, 完成品原価から評価額を控除する。

② 分離点・発生点の進捗度 ≦ 月末仕掛品の進捗度
　評価額控除後の製造原価を月末仕掛品と完成品に按分する。

設例10−2

　当社は単一工程により生産を行っており, その工程の終点において, 連産品A, Bおよび副産物Cが分離される。以下の資料に基づいて, 各連産品と副産物の製造原価を計算しなさい。

資料

1 生産データ

月初仕掛品	100 kg	(0.4)
当月投入	1,900 kg	
合　　計	2,000 kg	
月末仕掛品	80 kg	(0.8)
完　成　品	1,920 kg	

2 原価データ

月初仕掛品原価
- 材　料　費　　48,000 円
- 加　工　費　　15,000 円

当月製造費用
- 材　料　費　　952,000 円
- 加　工　費　　778,600 円

3 その他データ

① 見積データ

製品	生産量	見積販売価格	見積追加加工費 （実際と一致）
A	800 kg	350 円/kg	50 円/kg
B	1,000 kg	270 円/kg	110 円/kg
C	120 kg	50 円/kg	－

② 月末仕掛品原価は平均法により評価している。
③ 製品Cは，副産物として処理する。
④ （　）内は加工進捗度を示している。

解答

製品A	1,073,200 円
製品B	798,800 円
製品C	6,000 円

解 説

1 連結原価の算定
  (1) 月末仕掛品原価

  材料費：$\dfrac{48,000 円 + 952,000 円}{1,920 \text{ kg} + 80 \text{ kg}} \times 80 \text{ kg} = 40,000 円$

  加工費：$\dfrac{15,000 円 + 778,600 円}{1,920 \text{ kg} + 80 \text{ kg} \times 0.8} \times 80 \text{ kg} \times 0.8 = 25,600 円$

  (2) 完成品原価
    48,000 円 + 952,000 円 + 15,000 円 + 778,600 円 －（40,000 円 + 25,600 円）
    ＝ 1,728,000 円
  (3) 副産物評価額
    120 kg × 50 円/kg ＝ 6,000 円
  (4) 連結原価
    1,728,000 円 － 6,000 円 ＝ 1,722,000 円

2 正常市価の算定
    A 製品：(350 円 － 50 円) × 800 kg ＝　　240,000 円
    B 製品：(270 円 － 110 円) × 1,000 kg ＝　160,000 円
                                    計　　400,000 円

3 連結原価の按分

    A 製品：$\dfrac{1,722,000 円}{400,000 円} \times 240,000 円 = 1,033,200 円$

    B 製品：　　〃　　× 160,000 円 ＝ 688,800 円

4 製品原価の算定
    A 製品：1,033,200 円 ＋　50 円/kg × 800 kg ＝ 1,073,200 円
    B 製品：688,800 円 ＋ 110 円/kg × 1,000 kg ＝ 798,800 円

復習問題

(問題1) 連産品と副産物はどのようなもので，どのような違いがありますか。
(問題2) 連産品の原価はどのように計算しますか。
(問題3) 副産物の原価はどのように計算しますか。

標準原価計算

第 **11** 章

Key Word
標準原価　原価標準　価格差異　数量差異　賃率差異　作業時間差異
予算差異　能率差異　操業度差異　シングル・プラン　パーシャル・プラン
修正パーシャル・プラン　配合差異　歩留差異

1 標準原価計算の意義と目的

　標準原価計算は，製品の原価を実際にかかった原価（実際原価）で計算するのではなく，達成目標としての原価（標準原価）で計算することにより，主として原価管理に役立つように工夫された計算システムである。

　なお，ここでの原価管理とは，狭義の原価管理，すなわちコスト・コントロール（原価統制）のことであり，現在の製造環境のもとで，達成目標として設定された原価の標準に向けてその発生を管理し，原価の標準を維持することにより，原価引下げを実現することを意味する。

　また，標準原価計算は原価管理のために利用されるだけでなく，以下のような目的にも利用されることがある。

① 財務諸表作成目的
　仕掛品や製品などの棚卸資産価額および売上原価を標準原価で計算することにより，財務諸表の作成に役立つ。

② 予算管理目的
　予算の編成，とくに見積財務諸表の作成において，標準原価は信頼しうる基礎資料を提供する。

③ 記帳の簡略化・迅速化目的
　標準原価を勘定機構に組み込むことにより，勘定記入の簡略化，迅速化が図られる。

2 標準原価計算の手続き

標準原価計算は,以下のような手続きで実施される。

① 原価標準の設定
  原価標準(製品単位あたりの標準原価)を設定する。
② 標準原価の計算
  実際の生産実績(製品および仕掛品の生産量)に基づき,標準原価を計算する。
③ 実際原価の計算
  実際に発生した原価を計算する。
④ 原価差異の算定
  標準原価と実際原価を比較し,原価差異(直接材料費差異,直接労務費差異,製造間接費差異)を算定する。
⑤ 原価差異分析
  費目ごとに算定した差異を,さらに原因別に分析する。
⑥ 経営管理者への原価報告および対策措置
  経営管理者に対して,製品原価および原価差異についての報告を行うとともに,必要に応じ原価差異の原因別に是正措置を講じる。また,原価標準の見直しや改訂も必要であれば行われる。

図表11－1 標準原価計算の手続き

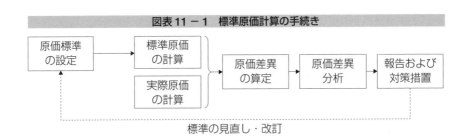

3 原価標準の設定と原価差異の分析

(1) 原価標準の設定

標準原価計算の実施においては，まず製品単位あたりの標準原価（原価標準）を設定することが必要である。このとき，原価標準は，直接材料費，直接労務費および製造間接費の別に次のように設定されることが一般的である。

① 標準直接材料費 ＝ 標準消費量 × 標準価格
② 標準直接労務費 ＝ 標準（直接）作業時間 × 標準賃率
③ 標準製造間接費 ＝ 標準配賦率 × 標準操業度

なお，標準配賦率は，次のように算定される。

$$標準配賦率 = \frac{製造間接費予算額}{基準操業度}$$

以上のように費目別に設定された標準原価はまとめられ，次のような製品単位あたりの標準原価カードが作成される。

図表11－2　標準原価カード

標準原価カード			
	標準数量	標準価格	金　額
直接材料費	4 kg	200 円/kg	800 円
直接労務費	2 時間	500 円/時	1,000 円
製造間接費	2 時間	300 円/時	600 円
製造原価合計			2,400 円

(2) 標準原価の計算

標準原価計算においては，完成品原価や月末仕掛品原価は原価標準に実際生産量を乗じて，次のように計算する。

　　完成品の標準原価 ＝ 完成品数量 × 原価標準

月末仕掛品原価：

標準直接材料費 ＝ 月末仕掛品数量※ × 製品1単位あたり標準直接材料費

標準直接労務費 ＝ 月末仕掛品換算数量 × 製品1単位あたり標準直接労務費

標準製造間接費 ＝ 月末仕掛品換算数量 × 製品1単位あたり標準製造間接費

※材料（原料）を加工の進捗程度に応じて投入している場合は，月末仕掛品換算数量を乗じる。

設例11－1

次の資料に基づき，完成品原価と月末仕掛品原価を計算しなさい。

資料

1 製品Aの原価標準

標準原価カード			
	標準数量	標準価格	金　額
直接材料費	4 kg	200円/kg	800円
直接労務費	2 時間	500円/時	1,000円
製造間接費	2 時間	300円/時	600円
製造原価合計			2,400円

2 製品Aの当月生産データ

```
月初仕掛品    10個（50％）
当 月 投 入   100
   計       110個
月末仕掛品    20　（50％）
完 成 品     90個
```
　　　注）材料は工程の始点で投入されており，（　）内は加工進捗度を示す。

解答

完成品原価：90 個 × 2,400 円/個 = 216,000 円
月末仕掛品原価
　直接材料費：20 個 × 　　　　　800 円/個 = 　16,000 円
　直接労務費：20 個 × 50％ × 1,000 円/個 = 　10,000 円
　製造間接費：20 個 × 50％ × 　600 円/個 = 　　6,000 円
　　　　　　　　　　　　　　　　　　　　　　　32,000 円

(3) 原価差異の分析

1) 製造直接費の差異分析

製造直接費（直接材料費と直接労務費）の差異は，標準原価とその実際発生額との差額であり，さらに価格面の差異と数量面の差異に分析される。その算出方法は以下のとおりである。

直接材料費差異：
　　直接材料費差異 = 標準直接材料費 − 実際直接材料費
　　価格差異 = （標準価格 − 実際価格）× 実際消費量
　　数量差異 = （標準消費量 − 実際消費量）× 標準価格
直接労務費差異：
　　直接労務費差異 = 標準直接労務費 − 実際直接労務費
　　賃率差異 = （標準賃率 − 実際賃率）× 実際直接作業時間
　　作業時間差異 = （標準直接作業時間 − 実際直接作業時間）× 標準賃率

図表 11 − 3　製造直接費の差異分析

実際価格 （実際賃率） 標準価格 （標準賃率）	価格差異（賃率差異）	
	標準直接材料費 （標準直接労務費）	数量差異 （作業時間差異）
	標準消費量 （標準直接作業時間）	実際消費量 （実際直接作業時間）

設例11-2

製品Aの原価標準と当月生産データは設例11-1に示すとおりである。また、当月の実際直接材料費と実際直接労務費は、以下の資料とおりであった。直接材料費差異と直接労務費差異の差異分析を行いなさい。

[資 料]
実績データ
実際直接材料費：390 kg × 210 円/kg = 81,900 円
実際直接労務費：194 時間 × 480 円/時 = 93,120 円

[解 答]
直接材料費差異：1,900 円（不利差異）
　価　格　差　異：3,900 円（不利差異）
　数　量　差　異：2,000 円（有利差異）
直接労務費差異：1,880 円（有利差異）
　賃　率　差　異：3,880 円（有利差異）
　作業時間差異：2,000 円（不利差異）

[解 説]
直接材料費の差異分析
　標準消費量：100 個 × 4 kg = 400 kg
　直接材料費差異：400 kg × 200 円/kg − 81,900 円 = − 1,900 円（不利）
　価格差異：(200 円/kg − 210 円/kg) × 390 kg = − 3,900 円（不利）
　数量差異：(400 kg − 390 kg) × 200 円/kg = 2,000 円（有利）
直接労務費の差異分析
　標準直接作業時間：(90 個 + 20 個 × 50% − 10 個 × 50%) × 2 時間 = 190 時間
　直接労務費差異：190 時間 × 500 円/時 − 93,120 円 = 1,880 円（有利）
　賃率差異：(500 円/時 − 480 円/時) × 194 時間 = 3,880 円（有利）
　作業時間差異：(190 時間 − 194 時間) × 500 円/時 = − 2,000 円（不利）

2) 製造間接費の差異分析

製造間接費差異は、製造間接費標準配賦額と実際発生額の差額であり、その分析方法は、予算の設定法により異なるが、公式法変動予算の場合には、2分法、3分法および4分法がある。公式法変動予算における製造間接費差異の関係は図表11-4のとおりである。

なお，実際操業度を基準とした3分法での差異は，次のように算定される。

　製造間接費差異 ＝ 標準配賦額 － 実際発生額
　　予 算 差 異 ＝ （変動費率 × 実際操業度 ＋ 固定費予算額）－ 実際発生額
　　能 率 差 異 ＝ （標準操業度 － 実際操業度）× 標準配賦率
　　操業度差異 ＝ （実際操業度 － 基準操業度）× 固定費率

図表 11 － 4　公式法変動予算による差異分析

	①	②	③	④
2分法	管理可能差異		操業度差異	
3分法（実際操業度を基準とした分析）	予算差異	能率差異		操業度差異
3分法（標準操業度を基準とした分析）	予算差異	能率差異		操業度差異
4分法	予算差異	変動費能率差異	固定費能率差異	操業度差異

設例 11 － 3

製品Ａの原価標準と当月生産データは設例11－1に示すとおりである。なお，月間の基準操業度（直接作業時間）は200時間であり，そのときの予算額は60,000円（内，固定費40,000円）である。また，当月の製造間接費実際発生額は64,000円，実際直接作業時間は194時間であった。当月の製造間接費の差異分析を行いなさい。

解答　解説

製造間接費差異：300 円/時 [1] × 190 時間 － 64,000 円 ＝ －7,000 円（不利）

　　　　　1) 標準配賦率：$\dfrac{60,000 円}{200 時間}$ ＝ 300 円/時

① 3分法（実際操業度を基準とした分析）

予算差異：

　　（100 円/時 [2] × 194 時間 ＋ 40,000 円）－ 64,000 円 ＝ －4,600 円（不利）

　　　　　2) 変動費率：$\dfrac{20,000 円}{200 時間}$ ＝ 100 円/時

能率差異：（190 時間 － 194 時間）× 300 円/時 ＝ －1,200 円（不利）
操業度差異：（194 時間 － 200 時間）× 200 円/時 [3] ＝ －1,200 円（不利）

　　　　　3) 固定費率：$\dfrac{40,000 円}{200 時間}$ ＝ 200 円/時

② 3分法（標準操業度を基準とした分析）

予算差異：（100 円/時 × 194 時間 ＋ 40,000 円）－ 64,000 円 ＝ －4,600 円（不利）
能率差異：（190 時間 － 194 時間）× 100 円/時 ＝ －400 円（不利）
操業度差異：（190 時間 － 200 時間）× 200 円/時 ＝ －2,000 円（不利）

③ 4分法

予算差異：（100 円/時 × 194 時間 ＋ 40,000 円）－ 64,000 円 ＝ －4,600 円（不利）
変動費能率差異：（190 時間 － 194 時間）× 100 円/時 ＝ －400 円（不利）
固定費能率差異：（190 時間 － 194 時間）× 200 円/時 ＝ －800 円（不利）
操業度差異：（194 時間 － 200 時間）× 200 円/時 ＝ －1,200 円（不利）

④ 2分法

管理可能差異：

　　（100 円/時 × 190 時間 ＋ 40,000 円）－ 64,000 円 ＝ －5,000 円（不利）
操業度差異：（190 時間 － 200 時間）× 200 円/時 ＝ －2,000 円（不利）

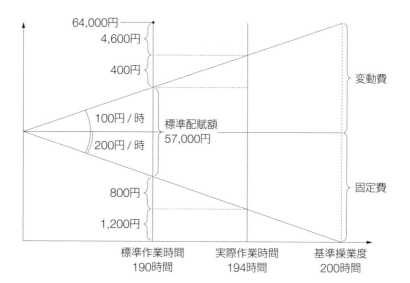

なお，設例11-3の製造間接費予算が固定予算として設定されていた場合の差異分析は，以下のとおりである。

予算差異 ＝ 製造間接費予算額 － 実際発生額
　　　　　60,000円 － 64,000円 ＝ －4,000円（不利）
能率差異 ＝（標準操業度 － 実際操業度）× 標準配賦率
　　　　　（190時間 － 194時間）× 300円/時 ＝ －1,200円（不利）
操業度差異 ＝（実際操業度 － 基準操業度）× 標準配賦率
　　　　　　（194時間 － 200時間）× 300円/時 ＝ －1,800円（不利）

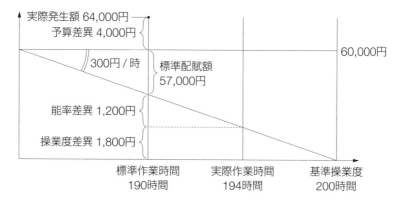

また，変動予算でも実査法変動予算の差異分析は，次のように行われる。なお，予算差

異と操業度差異の算定は，予定配賦による差異分析と同じである（第3章34〜35頁参照）。

製造間接費差異 ＝ 標準配賦額 － 実際発生額
予算差異 ＝ 実際操業度における予算額 － 実際発生額
能率差異 ＝（標準操業度 － 実際操業度）× 標準配賦率
操業度差異 ＝（標準配賦率 × 実際操業度）－ 実際操業度における予算額

図表11－5　実査法変動予算による差異分析

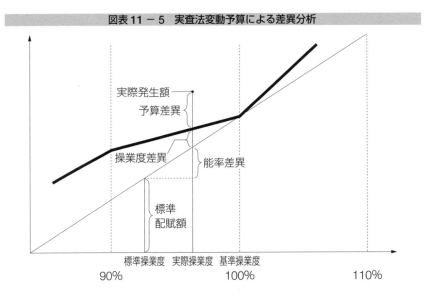

設例11－4

次の資料に基づいて，製造間接費の差異分析を行いなさい。

資 料

1　月間の直接作業時間（基準操業度）　200時間
2　月間の製造間接費予算（実査法変動予算）

操　業　度 （直接作業時間）	90％ （180時間）	100％ （200時間）	110％ （220時間）
製造間接費予算額	75,000円	80,000円	88,000円

3　当月の標準直接作業時間　182時間
4　当月の実際直接作業時間　186時間
5　当月の製造間接費実際発生額　78,000円

【解答】
　製造間接費差異：5,200 円（不利差異）
　　予算差異：1,500 円（不利差異）
　　能率差異：1,600 円（不利差異）
　　操業度差異：2,100 円（不利差異）

【解説】
　製造間接費差異：400 円/時 [1] × 182 時間 － 78,000 円 = －5,200 円（不利）

$$1)\ \frac{80,000\ 円}{200\ 時間} = 400\ 円/時$$

　予算差異：76,500 円 [2] － 78,000 円 = －1,500 円（不利）

$$2)\ 75,000\ 円 + \frac{80,000\ 円 - 75,000\ 円}{200\ 時間 - 180\ 時間} \times (186\ 時間 - 180\ 時間)$$
$$= 76,500\ 円$$

　能率差異：(182 時間 － 186 時間) × 400 円/時 = －1,600 円（不利）
　操業度差異：400 円/時 × 186 時間 － 76,500 円 = －2,100 円（不利）

4 標準原価計算の勘定記入

　標準原価計算制度では，標準原価と実際原価を原価差異勘定によって勘定組織に結びつけ，両者を同一の簿記機構のなかで計算・記録する。このとき，どのタイミングで標準原価を簿記機構のなかに組み入れるかにより，(1)シングル・プラン，(2)パーシャル・プランおよび(3)修正パーシャル・プランという3つの勘定記入法がある。

(1) シングル・プラン

　シングル・プランでは，仕掛品勘定の記入はすべて標準原価で記入され，原価差異は各費目別勘定で把握される。また，シングル・プランは，原材料や労働力などの原価財を投入した時点で実際原価と標準原価が比較され，原価差異が把握されるインプット法と結びつきやすい。計算手続きが煩雑となるが，原価管理には有効である。

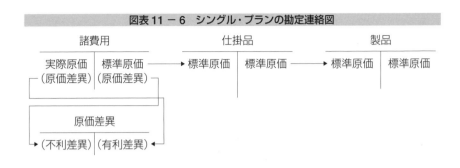

図表11-6 シングル・プランの勘定連絡図

(2) パーシャル・プラン

　パーシャル・プランでは，仕掛品勘定の借方が実際原価，貸方が標準原価で記入され，原価差異は仕掛品勘定で把握される。また，パーシャル・プランは，実際の生産量が確定した時点で実際原価と標準原価が比較され，原価差異が把握されるアウトプット法と結びつくことが一般的である。計算手続きは比較的簡単であるが，シングル・プランと比較し，原価管理の有効性では劣る。

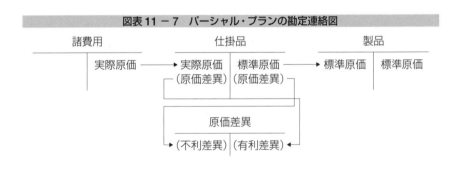

図表11-7 パーシャル・プランの勘定連絡図

(3) 修正パーシャル・プラン

　修正パーシャル・プランでは，仕掛品勘定の借方を直接材料費は「実際数量×標準価格」，直接労務費は「実際作業時間×標準賃率」で記入する。したがって，価格差異と賃率差異は各費目別勘定で把握され，数量差異と作業時間差異は仕掛品勘定で把握されることになる。現場管理者にとって管理不能である価格差異や賃率差異を早い時期に把握し，原価業績報告書に含めることのないこ

の方法は，パーシャル・プランより優れた方法であるといえる。

なお，製造間接費については，仕掛品勘定の借方を実際発生額で記入し，仕掛品勘定ですべての差異を把握することが一般的である。

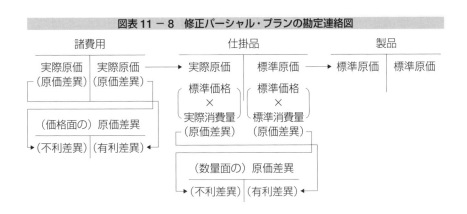

図表11－8　修正パーシャル・プランの勘定連絡図

設例11－5

当工場は製品Ｂを生産・販売しており，標準原価計算制度を用いている。次の資料に基づき，①シングル・プラン，②パーシャル・プランおよび③修正パーシャル・プランにより，各費目別勘定および仕掛品勘定の記入を行いなさい。なお，直接材料費差異は価格差異と数量差異に，直接労務費差異は賃率差異と作業時間差異に細分すること。

資料

1 原価標準（製品Ｂ１個当たりの標準原価）

直接材料費：5 kg × 100円/kg ＝	500円	
直接労務費：2時間 × 300円/時 ＝	600円	
製造間接費：2時間 × 200円/時 ＝	400円	
合　　計	1,500円	

2 生産データ

月初仕掛品	200個	（50％）
当月投入	800	
合　　計	1,000個	
月末仕掛品	300	（50％）
完　成　品	700個	

※材料は工程の始点ですべて投入する。（ ）内は加工進捗度を示す。

3 当月の実績データ

直接材料費：4,100 kg × 110円/kg ＝ 451,000円（掛けで購入）
月初および月末の在庫なし。棚卸減耗も発生しない。
直接労務費：1,600時間 × 320円/時 ＝ 512,000円
製造間接費：320,000円

解答

① シングル・プランの場合

材　料			
買 掛 金	451,000	仕 掛 品	400,000
		価 格 差 異	41,000
		数 量 差 異	10,000
	451,000		451,000

仕　掛　品			
前月繰越	200,000	製　　品	1,050,000
材　　料	400,000	次月繰越	300,000
賃　　金	450,000		
製造間接費	300,000		
	1,350,000		1,350,000

賃　金			
諸　　口	512,000	仕 掛 品	450,000
		賃 率 差 異	32,000
		作業時間差異	30,000
	512,000		512,000

製造間接費			
諸　　口	320,000	仕 掛 品	300,000
		製造間接費差異	20,000
	320,000		320,000

② パーシャル・プランの場合

	材 料		
買 掛 金	451,000	仕 掛 品	451,000

	賃 金		
諸 口	512,000	仕 掛 品	512,000

	製造間接費		
諸 口	320,000	仕 掛 品	320,000

	仕 掛 品		
前月繰越	200,000	製 品	1,050,000
材 料	451,000	価格差異	41,000
賃 金	512,000	数量差異	10,000
製造間接費	320,000	賃率差異	32,000
		作業時間差異	30,000
		製造間接費差異	20,000
		次月繰越	300,000
	1,483,000		1,483,000

③ 修正パーシャル・プランの場合

	材 料		
買 掛 金	451,000	仕 掛 品	410,000
		価格差異	41,000
	451,000		451,000

	賃 金		
諸 口	512,000	仕 掛 品	480,000
		賃率差異	32,000
	512,000		512,000

	製造間接費		
諸 口	320,000	仕 掛 品	320,000

	仕 掛 品		
前月繰越	200,000	製 品	1,050,000
材 料	410,000	数量差異	10,000
賃 金	480,000	作業時間差異	30,000
製造間接費	320,000	製造間接費差異	20,000
		次月繰越	300,000
	1,410,000		1,410,000

【解 説】

① 各差異の算定

価格差異：(100円/kg − 110円/kg) × 4,100 kg ＝ −41,000円（不利）
数量差異：(800個 × 5 kg/個 − 4,100 kg) × 100円/kg ＝ −10,000円（不利）
賃率差異：(300円/時 − 320円/時) × 1,600時間 ＝ −32,000円（不利）
作業時間差異：(1,500時間※ − 1,600時間) × 300円/時 ＝ −30,000円（不利）
　　　　　　※ (700個 + 300個 × 50％ − 200個 × 50％) × 2時間
製造間接費差異：1,500時間 × 200円/時 − 320,000円 ＝ −20,000円（不利）

② 勘定記入

シングル・プランでは，原価差異が各費目の勘定で把握・記入されるため，仕掛品勘定の記入はすべて標準原価となる。

パーシャル・プランでは，仕掛品勘定の借方が実際原価，貸方が標準原価で記入され，原価差異は仕掛品勘定で把握される。

修正パーシャル・プランでは，価格差異と賃率差異は各費目別勘定で把握され，数量差異と作業時間差異は仕掛品勘定で把握される。

5 標準原価計算における仕損・減損の処理

標準原価計算を採用する企業において，経常的に仕損や減損が発生する場合には，正常仕損費や正常減損費を原価標準に組み込み，仕損や減損に対する管理を行うことが有効である。

このとき，正常仕損（減損）費を原価標準に組み込む方法として，次の2つがある。

① 正常仕損（減損）分を各費目の原価標準に含める方法
② 正常仕損（減損）分を含まない原価標準に正常仕損（減損）費を別途加算する方法

|| 設例11－6 ||

次の資料に基づき，正常仕損費を組み込んだ原価標準を2つの方法で示しなさい。

[資 料]

1 製品Cの原価標準（正常仕損費を含まない原価）

標準原価カード

	標準数量	標準価格	金　額
直接材料費	4 kg	200円/kg	800円
直接労務費	2時間	500円/時	1,000円
製造間接費	2時間	300円/時	600円
製造原価合計			2,400円

2 製品Cの生産において，工程の終点で正常仕損が発生する。正常仕損の発生率は良品に対し5%である。なお，仕損品の評価額はない。

解答

① 正常仕損分を各費目の原価標準に含める方法

標準原価カード

	標準数量	標準価格	金　　額
直接材料費	4.2 kg	200 円/kg	840 円
直接労務費	2.1 時間	500 円/時	1,050 円
製造間接費	2.1 時間	300 円/時	630 円
製造原価合計			2,520 円

② 正常仕損分を含まない原価標準に正常仕損費を別途加算する方法

標準原価カード

	標準数量	標準価格	金　　額
直接材料費	4 kg	200 円/kg	800 円
直接労務費	2 時間	500 円/時	1,000 円
製造間接費	2 時間	300 円/時	600 円
合　　計			2,400 円
正常仕損費	2,400 円 × 5%		120 円
製造原価合計			2,520 円

解説

①の方法では，各費目の（仕損を含まない）標準数量に仕損の発生率（5%）を加えて計算する。

②の方法では，仕損を含まない原価標準に，別途，仕損費（2,400 円 × 5% = 120 円）を加算する。

標準原価計算では，完成品原価や月末仕掛品原価は原価標準に実際生産量を乗じて計算することは，すでに説明したとおりであるが，正常仕損（減損）が発生する場合においても，同様の計算を行う。

設例11−7

当工場では，製品Dを生産・販売しており，全部標準原価計算を採用している。以下の資料に基づき，当月の完成品原価および月末仕掛品原価を計算しなさい。なお，製品Dの生産にあたり，以下の原価のほかに正常仕損（評価額はなし）が工程の終点で良品に対し5％の割合で発生するが，正常仕損費は別途加算する方法をとっている。

資料

1 製品Aの原価標準（正常仕損費を含まない原価）

標準原価カード			
	標準数量	標準価格	金　額
直接材料費	4 kg	200円/kg	800円
直接労務費	2 時間	500円/時	1,000円
製造間接費	2 時間	300円/時	600円
製造原価合計			2,400円

2 生産データ

```
月初仕掛品    300 個（50％）
当月投入      750
  合　計    1,050 個
月末仕掛品    200　（40％）
仕　　損       50
完 成 品      800 個
```

※材料は工程の始点ですべて投入する。（　）内は加工進捗度を示す。

解答

完成品原価：2,016,000 円　　　　月末仕掛品原価：288,000 円
　内訳：直接材料費　640,000 円　　　内訳：直接材料費　160,000 円
　　　　直接労務費　800,000 円　　　　　　直接労務費　 80,000 円
　　　　製造間接費　480,000 円　　　　　　製造間接費　 48,000 円
　　　　正常仕損費　 96,000 円　　　　　　正常仕損費　　―　円

解説

① 正常仕損費を別途加算した原価標準

	標準原価カード		
	標準数量	標準価格	金　額
直接材料費	4 kg	200 円/kg	800 円
直接労務費	2 時間	500 円/時	1,000 円
製造間接費	2 時間	300 円/時	600 円
合　計			2,400 円
正常仕損費	2,400 円 × 5％		120 円
製造原価合計			2,520 円

② 完成品原価と月末仕掛品原価の計算

完成品原価
　直接材料費：800 個 ×　 800 円/個 ＝　640,000 円
　直接労務費：800 個 × 1,000 円/個 ＝　800,000 円
　製造間接費：800 個 ×　 600 円/個 ＝　480,000 円
　正常仕損費：800 個 ×　 120 円/個 ＝　 96,000 円
　　　　　　　　合　計　　　　　　 2,016,000 円

月末仕掛品原価
　直接材料費：200 個 ×　 800 円/個 ＝　160,000 円
　直接労務費： 80 個※× 1,000 円/個 ＝　 80,000 円
　製造間接費： 80 個 ×　 600 円/個 ＝　 48,000 円
　正常仕損費：（終点発生のため 0 円）　　 － 円
　　　　　　　　合　計　　　　　　　 288,000 円

　　※ 200 個 × 40％

　このとき、仕損のうち 10 個分（50 個 － 800 個 × 5％）は異常仕損となる。
　異常仕損費：10 個 × 2,400 円/個（正常仕損分を含まない原価標準）＝ 24,000 円
　なお、このケースを「正常仕損分を各費目の原価標準に含める方法」で行った場合には、正常仕損費を負担すべきでない月末仕掛品原価にも正常仕損費が負担されることになり、不正確な計算となる。

6 配合差異と歩留差異

　直接材料費差異は価格差異と数量差異に分析されるが，製品製造のため複数の原料が投入され，かつ，その材料間に代替関係がある場合，数量差異はさらに，配合差異と歩留差異に分けられる。

(1) 配合差異

　複数の原料を投入し製品を製造する場合，原料投入割合は事前に技術的テストにより決定されるが，これを標準配合割合という。しかしながら，製造時期や原料の産地・品質の相違等により，実際配合割合が標準配合割合と異なる場合が生じる。この配合割合の違いにより生じる差異を配合差異といい，次の式により算定される。

　　配合差異 ＝ （実際投入量に基づく標準消費量 － 実際消費量）× 標準価格

　なお，実際投入量に基づく標準数量は，次の式で求められる。

　　実際投入量に基づく標準消費量 ＝ 実際投入量合計 × 標準配合割合

(2) 歩留差異

　製品の製造においては，減損や仕損が発生することがある。このとき，投入量のうち減損や仕損にならずに製品となった部分を歩留という。歩留については，事前の技術的テストにより，次のように標準歩留率が計算される。

$$標準歩留率 = \frac{標準歩留(産出)量}{標準投入量}$$

　この標準歩留率と実際歩留率の差から生じる数量差異を歩留差異といい，次の式により算定される。

$$歩留差異 = \left(\begin{matrix} 標準投入量に \\ 基づく標準消費量 \end{matrix} - \begin{matrix} 実際投入量に \\ 基づく標準消費量 \end{matrix} \right) \times 標準価格$$

　なお，標準投入量に基づく標準消費量は，次の式で求められる。

$$標準投入量に基づく標準消費量 = \frac{完成品数量}{標準歩留率} \times 標準配合割合$$

　以上を踏まえ，直接材料費差異の関係を図解すると，以下のようになる。

図表11-9 直接材料費の差異分析

設例11-8

当工場では原料Xと原料Yを配合し、製品Eを生産している。なお、生産に際しての原料の標準配合割合は原料X：原料Y＝6：4である。以下の資料に基づき、当月の価格差異、配合差異および歩留差異を算定しなさい。

資料

1 製品1kgを生産するための標準直接材料費

	標準消費量	標準価格	金　額
原料X：	0.75 kg	200円/kg	150円
原料Y：	0.50 kg	240円/kg	120円
合　計	1.25 kg		270円

2 当月生産データ

当月投入
- 原料X　32,000 kg
- 原料Y　22,000 kg
- 合計　　54,000 kg

完成品　　43,000 kg

※当月の月初と月末に仕掛品はない。

3 当月実際直接材料費
- 原料X：32,000 kg × 205円/kg ＝ 6,560,000円
- 原料Y：22,000 kg × 237円/kg ＝ 5,214,000円

解答

価格差異：94,000 円（不利差異）
　　　　内訳：原料 X 160,000 円（不利差異）　　原料 Y　66,000 円（有利差異）
配合差異：16,000 円（不利差異）
　　　　内訳：原料 X　80,000 円（有利差異）　　原料 Y　96,000 円（不利差異）
歩留差異：54,000 円（不利差異）
　　　　内訳：原料 X　30,000 円（不利差異）　　原料 Y　24,000 円（不利差異）

解説

① 価格差異の算定

原料 X：（200 円/kg － 205 円/kg）× 32,000 kg ＝ －160,000 円（不利）
原料 Y：（240 円/kg － 237 円/kg）× 22,000 kg ＝　 66,000 円（有利）

② 配合差異の算定

原料 X と原料 Y の標準配合割合は 6：4 であるため，実際投入量に基づく標準数量は，次のように計算される。

　原料 X：54,000 kg × 0.6 ＝ 32,400 kg
　原料 Y：54,000 kg × 0.4 ＝ 21,600 kg

配合差異は，実際投入量に基づく標準数量と実際数量の差に標準価格を乗じて，次のように計算される。

　原料 X：（32,400 kg － 32,000 kg）× 200 円/kg ＝　 80,000 円（有利）
　原料 Y：（21,600 kg － 22,000 kg）× 240 円/kg ＝ －96,000 円（不利）

③ 歩留差異の算定

歩留差異を算定するために必要となる標準歩留率は，資料 1 から，次のように計算される。

標準歩留率：$\dfrac{1.00\ \text{kg}}{1.25\ \text{kg}} = 0.8$

これにより，標準投入量に基づく標準数量が，次のように計算される。

原料 X：$\dfrac{43,000\ \text{kg}}{0.8} \times 0.6 = 32,250\ \text{kg}$

原料 Y：$\dfrac{43,000\ \text{kg}}{0.8} \times 0.4 = 21,500\ \text{kg}$

歩留差異は，標準投入量に基づく標準数量と実際投入量に基づく標準数量の差に標準価格を乗じて，次のように計算される。

原料X：(32,250 kg － 32,400 kg) × 200 円/kg ＝ －30,000 円（不利）
原料Y：(21,500 kg － 21,600 kg) × 240 円/kg ＝ －24,000 円（不利）
原料Xの直接材料費差異の関係を図解すれば，次のとおりである。

なお，配合差異と歩留差異の算定においては，投入される原料の加重平均価格を用いて計算する場合もある。この場合の各差異の算定式と差異の関係を図解すれば，次のとおりである。

配合差異 ＝ $\left(\begin{array}{c}\text{標準投入量に}\\\text{基づく標準数量}\end{array} － 実際消費量\right) × (標準価格 － 加重平均標準価格)$

歩留差異 ＝ $\left(\begin{array}{c}\text{標準投入量に}\\\text{基づく標準数量}\end{array} － 実際消費量\right) × 加重平均標準価格$

7 原価差異の会計処理

　一般的に月次単位で算定される原価差異は，各差異勘定で会計年度末まで繰り延べられ，会計年度末において以下のように処理される。
① 異常な状態に基づく原価差異　→　非原価項目として処理
② 材料受入価格差異以外の原価差異　→　原則として売上原価に賦課
③ 材料受入価格差異　→　材料の払出高と期末有高に配賦

④　多額に発生した原価差異
　　→　個別原価計算の場合
　　　　売上原価と期末棚卸資産に指図書別または科目別に配賦
　　→　総合原価計算の場合
　　　　売上原価と期末棚卸資産に科目別に配賦

原価差異を売上原価に賦課する場合の損益計算書への記載方法は，以下のとおりである。

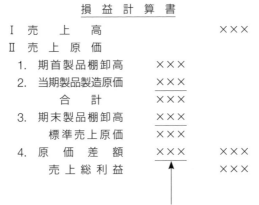

原価差異が不利差異の場合には，標準売上原価に加算し，有利差異の場合には標準売上原価から減算する。

復習問題

(問題1) 標準原価計算の手続きについてまとめてください。
(問題2) 標準原価計算の3つの勘定記入法についてまとめてください。
(問題3) 配合差異と歩留差異についてまとめてください。

CVP分析

第12章

Key Word
CVP（原価・営業量・利益）　損益分岐点　損益分岐点図表　変動費　固定費
限界利益（貢献利益）　感度分析　経営レバレッジ係数　高低点法　最小二乗法

1　CVP分析の意義

　前章で学習した標準原価計算は，標準原価と実際原価とを比較し差異を算定・分析することにより，「原価管理」に役立つ情報を提供するための技法である。しかしながら，いくら原価を管理しても，利益を獲得できなければ企業の維持・発展は望めない。そこで企業では，目標となる利益を設定し，利益計画を作成する。このとき（とくに大綱的短期利益計画の策定において）利用される代表的な分析技法に，CVP分析と直接原価計算がある。本章ではまず，CVP分析について説明する。

　CVP分析とは，原価（cost）・営業量（volume）・利益（profit）関係を分析することを意味し，具体的には，営業量や原価が変化したとき，それに応じて利益がどのように変化するかを分析することである。なお，類似の概念として損益分岐点分析とよばれる技法がある。これは，狭義では文字どおり売上高と総原価が一致する（＝利益がゼロとなる）点を算定するための分析技法であるが，広義にとらえた場合にはCVP分析とほぼ同義と解することができる。

　原価・営業量・利益の関係は，図にするとわかりやすい（図表12-1参照）。
　これらの図は，いずれも損益分岐点図表といわれるものである。損益分岐点図表では，縦軸に収益・費用の金額をとり，横軸に営業量（売上高，販売数量など）をとる。原点から45度の傾きで描いた線が売上高線を表す。また，縦軸と固定費線との交点から変動費率（単位あたり変動費）を傾きとして描いた線が総原価線を表すことになる（損益分岐点図表（その1）参照）。このとき，売上高線と総原価線の交点が損益分岐点である。交点の座標点を読むことにより，損益分岐点における売上高や販売数量を知ることができる。

図表 12−1 損益分岐点図表

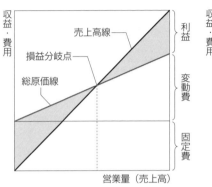
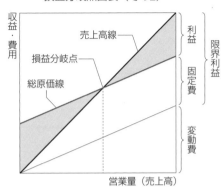

　また，損益分岐点図表（その1）とは逆に，変動費線をベースとし，その上に固定費線を描く場合もある（損益分岐点図表（その2）参照）。この図では，売上高から変動費を控除し算定される限界利益が，図のなかで分離されることなく示されるというメリットがある。

　ここで限界利益（貢献利益ともいう）とは，売上高から変動費を控除した金額のことであり，固定費を回収し利益を獲得するための貢献額を示す概念である。

2 CVP関係の計算

(1) 基礎的な計算と感度分析

　CVPの関係から，損益分岐点などを算定するためには，図表12-1のような損益分岐点図表を描く方法と，以下のような公式による方法がある。

〈CVP分析のための公式〉

$$損益分岐点における売上高 = \frac{固定費}{1 - \dfrac{変動費}{売上高}} = \frac{固定費}{限界利益率}$$

$$損益分岐点における販売数量 = \frac{固定費}{製品単位あたり限界利益}$$

$$目標売上高を達成するための売上高 = \frac{固定費 + 目標利益}{1 - \dfrac{変動費}{売上高}}$$

$$\begin{array}{l}目標売上高利益率を\\達成するための売上高\end{array} = \frac{固定費}{1 - \left(\dfrac{変動費}{売上高} + 目標売上高利益率\right)}$$

$$安全余裕率 = \frac{売上高 - 損益分岐点における売上高}{売上高} \times 100$$

　このように，製品の売上高，変動費および固定費の金額が確実に予測できれば，上記の計算式により損益分岐点における売上高などが計算可能である。しかしながら，各要素が予測どおりになるとは限らない。予測した要素の1つでも変化すれば，損益分岐点も変化する。このとき，関係する1つの変数が変動した場合，結果がどれだけ変化するかを分析することを感度分析という。つまりCVPの感度分析とは，製品の販売単価，販売数量，単位あたり変動費および固定費などが変化したら，営業利益がどれだけ変化をするかを分析することである。

設例12-1

　A社では，次期の利益計画を設定中である。そこで，以下に示す資料に基づき，次の設問に答えなさい。
(1) 当期の損益分岐点における売上高を求めなさい。
(2) 当期の安全余裕率を求めなさい。
(3) 次期の予想営業利益を求めなさい。
(4) 次期の損益分岐点における売上高を求めなさい。
(5) 次期の希望営業利益額に対し予想される営業利益の不足額を，販売数量の増加によって解消しようとする場合に，ア）必要となる販売数量の増加分を求め，さらに，イ）次期の希望営業利益額を達成するために必要となる販売数量を求めなさい。

資料

1 当期の全部原価計算による損益計算書

	Ⅰ 売 上 高	1,000,000 円 [1]
	Ⅱ 売 上 原 価	640,000 [2]
	売 上 総 利 益	360,000 円
	Ⅲ 販売費及び一般管理費	160,000 [2]
	営 業 利 益	200,000 円

　　1) 当期の販売数量は 2,000 個であり，生産数量もこれに等しいものと仮定する。
　　2) 原価を固定費と変動費とに分解したところ，売上原価と販売費及び一般管理費のうち 600,000 円は変動費であることが明らかとなった。

2 次期の希望営業利益は 405,000 円である。
3 次期に予想される販売価格および原価データの変化
　①販売価格および販売数量ともに 8%増加する見込みである。
　②材料価格の下落等の理由により，製品単位あたり変動費は 10%減少することが予想される。
　③新設備の導入にともなう減価償却費の増加等の理由により，固定費は 8%増加することが予想される。

解 答

(1)
当期の損益分岐点売上高：$\dfrac{200,000 円}{1 - \dfrac{600,000 円}{1,000,000 円}} = 500,000 円$

(2)
当期の安全余裕率：$\dfrac{1,000,000 円 - 500,000 円}{1,000,000 円} = 50\%$

(3) 次期の予想営業利益
　= (2,000 個 × 1.08 × 500 円/個 × 1.08) − (2,000 個 × 1.08 × 300 円/個 × 0.9) − (200,000 円 × 1.08)
　= 1,166,400 円 − 583,200 円 − 216,000 円 = 367,200 円
　　　　　次期予測売上高　次期予測変動費　次期予測固定費

(4)
次期の損益分岐点における売上高：$\dfrac{216,000 円}{1 - \dfrac{583,200 円}{1,166,400 円}} = 432,000 円$

(5) ア）必要となる販売数量の増加分：140 個
　　イ）希望営業利益額を達成するために必要となる販売数量：2,300 個

解説

(1) 損益分岐点の売上高や販売数量は上記の公式だけでなく，方程式を立てて解くこともできる。本問の販売数量をxとして方程式を立てれば，次のようになる。

販売単価：1,000,000円 ÷ 2,000個 = 500円/個
製品単位当たり変動費：600,000円 ÷ 2,000個 = 300円/個

これにより，

$\underline{500x} - (\underline{300x} + \underline{200,000円}) = 0$（損益分岐点のため利益はゼロ）
　売上高　　変動費　　固定費

　　　　　　　　　　　x = 1,000個（損益分岐点の販売数量）
1,000個 × 500円/個 = 500,000円（損益分岐点の売上高）

(5)
ア）営業利益の不足額に対して必要となる販売数量の増加分の計算
　次期希望営業利益に対する予想営業利益の不足分
　　= 405,000円 − 367,200円 = 37,800円
　次期の製品単位あたり限界利益
　　=（500円/個 × 1.08）−（300円/個 × 0.9）= 270円/個
　必要となる販売数量の増加分
　　= 37,800円 ÷ 270円/個 = 140個
イ）希望営業利益額を達成するために必要となる販売数量の計算
　2,000個 × 1.08 + 140個 = 2,300個

なお，本来，CVP分析は営業量と利益の関係を分析するものであり，営業外損益はCVP分析とは関係ないものであるが，経常利益を目標利益として設定するような場合には，営業外損益も考慮する必要がある。

この場合，営業外損益を次のように固定費の修正項目として取り扱うことが，一般的である。

　　営業外収益：固定費から控除
　　営業外費用：固定費に加算

(2) 経営レバレッジ係数

企業のなかには，総原価に占める固定費の割合が大きい固定費型企業もあれば，反対に変動費の割合が大きい変動費型企業もある（図表12−2参照）。それぞれの損益分岐点図表からもわかるとおり，固定費型企業は損益分岐点を基点

に，売上高の増減に対する利益や損失の幅が大きくなる。つまり，好況期には多額の利益を上げることができる反面，不況などの理由により売上高が減少した際には損失も大きくなり，経営の安定性が相対的に低いと考えられる。

図表12－2　固定費型企業と変動費型企業の損益分岐点図表

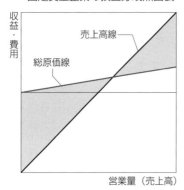
固定費型企業の損益分岐点図表

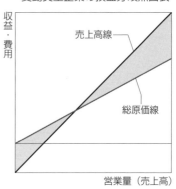
変動費型企業の損益分岐点図表

近年では，企業規模の拡大，工場設備の自動化などにより，全般的に見れば総原価に占める固定費の割合は増大している。このとき，固定費の利用度を測定する尺度として用いられるのが，経営レバレッジ係数である。経営レバレッジ係数は，次の計算式により算定され，固定費の利用度が大きいほどその値は大きくなる。

$$経営レバレッジ係数 = \frac{限界利益}{営業利益}$$

設例12－2

次のB社およびC社の財務データに基づき，以下の設問に答えなさい。
(1) B社およびC社の経営レバレッジ係数を求めなさい。
(2) B社およびC社の売上高がそれぞれ20％増加した場合の営業利益を求めなさい。
(3) B社およびC社の売上高がそれぞれ20％減少した場合の営業利益を求めなさい。

【資料】

	B社	C社
売　上　高	10,000,000円	10,000,000円
変　動　費	2,000,000円	6,000,000円
固　定　費	6,000,000円	2,000,000円
営　業　利　益	2,000,000円	2,000,000円

【解答】

(1) B社の経営レバレッジ係数：$\dfrac{8,000,000 \text{円}}{2,000,000 \text{円}} = 4$

　　C社の経営レバレッジ係数：$\dfrac{4,000,000 \text{円}}{2,000,000 \text{円}} = 2$

(2)
　　B社の営業利益：3,600,000円
　　C社の営業利益：2,800,000円

(3)
　　B社の営業利益：400,000円
　　C社の営業利益：1,200,000円

【解説】
　売上高に変動があった場合の営業利益の増減額の計算は，経営レバレッジ係数を用いて，次のように計算できる。

　　営業利益増減額 ＝ 営業利益 × 売上高の増減率 × 経営レバレッジ係数

(2) の計算
　　B社の営業利益増加額：2,000,000円 × 20% × 4 ＝ 1,600,000円
　　B社の営業利益　　　：2,000,000円 ＋ 1,600,000円 ＝ 3,600,000円
　　C社の営業利益増加額：2,000,000円 × 20% × 2 ＝ 800,000円
　　C社の営業利益　　　：2,000,000円 ＋ 800,000円 ＝ 2,800,000円

(3) の計算
　　B社の営業利益減少額：2,000,000円 × 20% × 4 ＝ 1,600,000円
　　B社の営業利益　　　：2,000,000円 － 1,600,000円 ＝ 400,000円
　　C社の営業利益減少額：2,000,000円 × 20% × 2 ＝ 800,000円
　　C社の営業利益　　　：2,000,000円 － 800,000円 ＝ 1,200,000円

　このように，売上高と営業利益が同じ企業でも，売上高に変動が生じた場合，経営レバレッジ係数が大きいほど営業利益の増減幅が大きくなる。経営レ

バレッジ係数の大きい企業では，この点を十分考慮した経営を行う必要がある。

(3) 多品種製品のCVP分析

これまでの分析の計算例は，単品種の製品の生産・販売を前提としたものであった。これは，売上高線を直線と仮定するための最も単純化されたケース設定だからである。しかしながら，実際の企業において単品種の製品だけを生産・販売するケースは少なく，多くの企業では多品種の製品を生産・販売している。

こうした企業でCVP分析を行うためには，次の2つのケースが考えられる。
① ある特定の製品（たとえば各製品の収益性を考慮し，収益性の高い製品）のみを販売したとしてCVP分析を行う。この場合には，単品種のCVP分析と同様に行うことが可能である。
② 多品種の製品を同時に販売するものとしてCVP分析を行う。この場合には，各製品の構成割合（これをセールス・ミックスという）が無限大に考えられるが，その構成割合を一定としてCVP分析を行う。

設例12-3

D社は製品X, Yを生産・販売する企業であり，その財務データは以下のとおりである。このデータに基づき，次の設問に答えなさい。
(1) 一方の製品のみを生産・販売したと仮定した場合の損益分岐点における売上高と販売数量を求めなさい。
(2) 製品X, Yの販売数量の組み合わせを3:2と仮定した場合の，会社全体としての損益分岐点における売上高と各製品の販売数量を求めなさい。
(3) 製品X, Yの売上高の割合を3:2と仮定した場合の，会社全体としての損益分岐点における売上高と各製品の販売数量を求めなさい。

【資料】

製品X, Yの財務データ

	製品X	製品Y
販 売 単 価	400円/個	600円/個
変 動 費	200円/個	360円/個
限 界 利 益	200円/個	240円/個
固 定 費	1,242,000円（製品X, Yに共通的に発生）	

解　答

(1)
　製品Xのみ販売した場合の損益分岐点における売上高　：2,484,000円
　製品Xのみ販売した場合の損益分岐点における販売数量：6,210個
　製品Yのみ販売した場合の損益分岐点における売上高　：3,105,000円
　製品Yのみ販売した場合の損益分岐点における販売数量：5,175個

(2)
　損益分岐点における売上高　：2,760,000円
　損益分岐点における販売数量：製品X　3,450個，製品Y　2,300個

(3)
　損益分岐点における売上高　：2,700,000円
　損益分岐点における販売数量：製品X　4,050個，製品Y　1,800個

解　説

(1) 複数の品種を生産・販売している場合でも，そのなかのいずれか1種類の製品のみを生産・販売すると仮定した場合には，その製品の販売価格と変動費を使えば単品種と同様の以下の計算で損益分岐点などを算定することができる。

製品Xのみ販売した場合の損益分岐点における売上高：$\dfrac{1{,}242{,}000\text{円}}{1 - \dfrac{200\text{円}}{400\text{円}}} = 2{,}484{,}000\text{円}$

製品Xのみ販売した場合の損益分岐点における販売数量：2,484,000円 ÷ 400円/個 = 6,210個

製品Yのみ販売した場合の損益分岐点における売上高：$\dfrac{1{,}242{,}000\text{円}}{1 - \dfrac{360\text{円}}{600\text{円}}} = 3{,}105{,}000\text{円}$

製品Yのみ販売した場合の損益分岐点における販売数量：3,105,000円 ÷ 600円/個 = 5,175個

(2) 販売数量の割合が製品X，Yで3：2と決まっているので，製品Xを3個，製品Yを2個というセットで考えることができる。これにより，このセット単位での損益分岐点における販売数量は，次の式で求めることができる。

$$\dfrac{1{,}242{,}000\text{円}}{(400\text{円/個} - 200\text{円/個}) \times 3 + (600\text{円/個} - 360\text{円/個}) \times 2} = 1{,}150(\text{セット})$$

これにより，各製品の販売数量は次の計算で求められる。
　製品X：1,150 × 3個 = 3,450個
　製品Y：1,150 × 2個 = 2,300個
また，売上高は次の計算で求められる。
　製品X：3,450個 × 400円/個 = 1,380,000円

製品Y：2,300 個 × 600 円/個 = 1,380,000 円
合　計：1,380,000 円 + 1,380,000 円 = 2,760,000 円

(3) 製品X，Yの売上高の割合が3：2であるので，限界利益率の割合も3：2となる。これにより，会社全体の加重平均限界利益率を算定すれば次のようになる。

$$\text{加重平均限界利益率}：\frac{200\text{円}}{400\text{円}} \times \frac{3}{5} + \frac{240\text{円}}{600\text{円}} \times \frac{2}{5} = 0.46$$

これにより，損益分岐点における売上高は次の計算式で求められる。

$$\text{損益分岐点における売上高}：\frac{1,242,000\text{円}}{0.46} = 2,700,000\text{円}$$

製品X，Yの売上高の割合が3：2であるため，各製品の売上高と販売数量は次の計算で求められる。

$$\text{製品Xの売上高}　：2,700,000\text{円} \times \frac{3}{5} = 1,620,000\text{円}$$

製品Xの販売数量：1,620,000 円 ÷ 400 円/個 = 4,050 個

$$\text{製品Yの売上高}　：2,700,000\text{円} \times \frac{2}{5} = 1,080,000\text{円}$$

製品Yの販売数量：1,080,000 円 ÷ 600 円/個 = 1,800 個

3 原価の固変分解

　CVP分析を行うためには，原価を固定費と変動費に区分する必要がある。これを，原価の固変分解という。固変分解の方法にはいくつかあるが，大別すると，①過去の実績データに基づく方法と②IE法（工学的方法）に分けられ，①はさらに，費目別精査法，高低点法，スキャッター・チャート法および最小二乗法などに細分される。以下では，高低点法と最小二乗法について説明する。

図表12－3　固変分解の方法

(1) 高低点法

高低点法は，過去一定期間における実績データをもとに，「最高操業度における原価額」と「最低操業度における原価額」を使用し，単位あたりの変動費と固定費を推定する方法である。

(2) 最小二乗法

最小二乗法は，実績データの各点から原価関数（$y=b+ax$）を示す直線に下した垂線の距離の二乗和が最小になるようなパラメータ値（a,b）を決める推定法である。

このとき，a（変動費率）およびb（固定費額）は次の連立方程式を解くことにより，求めることができる。なお，Yは原価発生額，Xは操業度，nはデータ数である。

$$\begin{cases} \Sigma Y = a\Sigma X + nb \\ \Sigma XY = a\Sigma X^2 + b\Sigma X \end{cases}$$

‖ 設例12-4 ‖

以下の4ヶ月間の資料に基づき，(1)高低点法と(2)最小二乗法により，単位あたり変動費と固定費を計算しなさい。なお，データはすべて正常操業圏内である。

[資料]

	直接作業時間	原　　価
4月	240 時間	97,000 円
5月	180 時間	86,000 円
6月	260 時間	103,000 円
7月	320 時間	114,000 円

[解答]
(1) 単位あたり変動費　200 円　　固　定　費　50,000 円（月額）
(2) 単位あたり変動費　202 円　　固　定　費　49,500 円（月額）

[解説]
(1) いずれのデータも正常操業圏内であるため，7月（最高点）と5月（最低点）の数

値を使い，以下のように計算する。

$$\text{単位あたり変動費}: \frac{114,000 \text{円} - 86,000 \text{円}}{320 \text{時間} - 180 \text{時間}} = 200 \text{円/時}$$

固定費（月額）：114,000 円 − 320 時間 × 200 円/時 ＝ 50,000 円
　　　　　あるいは
　　　　　86,000 円 − 180 時間 × 200 円/時 ＝ 50,000 円

(2) 連立方程式を立てるための基礎となる数値を表にまとめると，次のようになる。

月	X	Y	X^2	XY
4	240	97,000	57,600	23,280,000
5	180	86,000	32,400	15,480,000
6	260	103,000	67,600	26,780,000
7	320	114,000	102,400	36,480,000
計	1,000	400,000	260,000	102,020,000

この数値を用い，以下のような連立方程式を立てる。

$$\begin{cases} 400,000 = 1,000a + 4b & \cdots\cdots① \\ 102,020,000 = 260,000a + 1,000b & \cdots\cdots② \end{cases}$$

①式をまとめると，
　　b ＝ 100,000 − 250a（①'）となるので，これを②式に代入し，a を解く。
　　　102,020,000 ＝ 260,000a + 1,000 ×（100,000 − 250a）
　　　102,020,000 ＝ 260,000a + 100,000,000 − 250,000a
　　　　　10,000a ＝ 2,020,000
　　　　　　　　a ＝ 202

①' 式に a ＝ 202 を代入すると，b が解ける。
　　b ＝ 100,000 − 250 × 202
　　　＝ 49,500

復習問題

(問題1) CVP 分析の意義についてまとめてください。
(問題2) 経営レバレッジ係数についてまとめてください。

直接原価計算

第 **13** 章

Key Word
直接原価計算　全部原価計算　製品原価　期間原価　固定費調整
ころがし計算法　一括調整法

1 直接原価計算の意義と目的

(1) 直接原価計算の意義

　直接原価計算とは，原価（製造原価，販売費及び一般管理費）を固定費と変動費とに区分し，売上高から変動費を控除して限界利益を計算し，その限界利益から固定費を控除して営業利益を計算する損益計算の方法をいう。

　直接原価計算による損益計算書を示せば，次のとおりである。

図表13－1　直接原価計算による損益計算書

損益計算書（2区分）		損益計算書（3区分）	
Ⅰ　売上高	×××	Ⅰ　売上高	×××
Ⅱ　変動費	×××	Ⅱ　変動売上原価	×××
限界利益	×××	変動製造マージン	×××
Ⅲ　固定費	×××	Ⅲ　変動販売費	×××
営業利益	×××	限界利益	×××
		Ⅳ　固定費	×××
		営業利益	×××

　この損益計算書からわかるように，直接原価計算による損益計算書は，少なくとも次の2つの計算区分から構成される。
　① 限界利益を計算する区分：売上高 － 変動費 ＝ 限界利益
　② 営業利益を計算する区分：限界利益 － 固定費 ＝ 営業利益
　　こうした直接原価計算の基本的な特徴を示すと，以下のようになる。
　① 原価を変動費と固定費に区分する。この区分は製造原価だけでなく，販

売費及び一般管理費についても行われる。
② 変動費と固定費の区分が勘定組織に組み入れられ，財務会計と結合している。
③ 限界利益の計算区分と営業利益の計算区分とからなる損益計算書の形で表示される。
④ 変動製造原価だけを製品原価とし，固定製造原価は販売費及び一般管理費とともに期間原価とされる。

(2) 直接原価計算の利用目的

　上述したような特徴をもつ直接原価計算は，伝統的な全部原価計算がもつ欠陥，とくに全部原価計算が短期の利益計画に役立つ情報を提供できないという欠陥を克服するために誕生，発展した原価計算である。しかしながら，直接原価計算の利用目的は短期の利益計画に限られたものではない。経営管理の視点からはさらに経営意思決定や原価管理のために役立つとともに，外部報告にも役立ちうる。
　直接原価計算の利用目的をまとめると，以下のとおりである。

1) 短期の利益計画目的

　短期の利益計画のための原価計算では，原価・営業量・利益関係が明確であることが望まれる。しかしながら，伝統的な全部原価計算では，利益が販売量のみならず生産量によっても変動するため，短期の利益計画に役立つ原価・営業量・利益関係についての情報を提供することができない。これに対し直接原価計算では，売上高から変動費を差し引いて計算される限界利益が，営業量（売上高）との関係で利益がどのように変化するかを示しており，短期の利益計画に有用な情報を提供することができる。
　また，損益計算書において変動費と固定費が区分されていることは，セグメント別の利益計画を立てるうえでも有用である。

2) 経営意思決定目的

　全部原価計算では固定製造原価は製品原価として各製品に配賦されるが，直

接原価計算では固定製造原価は期間原価として扱われる。この固定製造原価の多くは経営意思決定によって変化しない埋没原価であるが，変動費は増分原価である。そのため，直接原価計算が原価を固定費と変動費に区分していることは，経営意思決定を行ううえで有用な情報を提供しうるのである。具体的には，価格決定，最適セールス・ミックスの決定および操業度政策などに役立つ情報を提供することができる。

3) 原価管理目的

直接原価計算は，原価管理のための原価計算として誕生・発展したものではない。しかしながら，直接原価計算と標準原価計算を結びつけることにより，固定費と変動費の両者の管理に効果を発揮することになる。つまり，変動費は標準を設定し標準原価差異を分析することによって管理する。これに対して固定費は，とくに予算と結合することにより，いっそう管理の効果を発揮することができる。

4) 外部報告目的

上述したように，全部原価計算によると，営業利益は販売量だけでなく生産量にも影響を受ける。また，製造間接費の配賦には恣意性も介入する。しかし，直接原価計算によれば，これらの欠点は解消される。このため，直接原価計算を外部報告に利用するべきだとする主張もみられる。しかしながら，公開財務諸表の作成にあたっては，全部原価計算による営業利益が求められており，直接原価計算による営業利益は，一般的に認められていない。そこで，直接原価計算を経営管理的な利用のために採用している場合には，外部報告目的のため，全部原価計算に調整計算しなければならない。この調整計算を固定費調整という。

2 直接原価計算の計算構造

直接原価計算の計算構造は，全部原価計算の計算構造と比較することにより，明確となる。

全部原価計算では，製品原価の計算にあたり，すべての製造原価を製品原価の計算対象としている。つまり，全部原価計算では，すべての製造原価が製品原価に含まれることになる。

　これに対して直接原価計算では，製造原価のうち変動費（変動製造原価）のみが製品原価に含まれることになり，固定費（固定製造原価）はそれが発生した期間の費用として処理される。

　なお，販売費及び一般管理費は，いずれの計算においても，固定費，変動費のいかんにかかわらず，それが発生した期間の費用として処理される。

　したがって，直接原価計算と全部原価計算の計算構造の違いは，固定製造原価を製品原価に含めるか否かという点である。この点を図示すると，図表13－2のようになる。

図表13－2　全部原価計算と直接原価計算の計算構造

　こうした計算構造の違いにより，全部原価計算と直接原価計算では，算定される営業利益の金額が異なってくる。全部原価計算では固定製造間接費を製品原価として処理し，その製品が販売された期間の収益に対応させるのに対し，直接原価計算では固定製造間接費を期間原価として処理し，それが発生した期間の収益に対応させる。この結果，全部原価計算と直接原価計算とでは，在庫（期首在庫高と期末在庫高）に含まれる固定製造原価の分だけ営業利益の金額が異なることになる。

　つまり，次の関係が成り立つ。

全部原価計算による営業利益 − 直接原価計算による営業利益

$=$ 期末在庫高に含まれる固定製造原価 − 期首在庫高に含まれる固定製造原価

$=$ 製品単位あたり固定製造原価 × (期末在庫数量 − 期首在庫数量)

設例13－1

次の資料に基づいて，(1) 全部原価計算による損益計算書と (2) 直接原価計算による損益計算書を作成しなさい。

資料

1 生産および販売データ

月初仕掛品数量	0個	月初製品在庫数量	0個
当月投入量	5,000個	当月完成品数量	5,000個
計	5,000個	計	5,000個
月末仕掛品数量	0個	月末製品在庫数量	500個
当月完成品数量	5,000個	当月販売数量	4,500個

2 原価データ

当月製造費用：

直接材料費　2,100,000円（すべて変動費）

加工費　4,100,000円

（内訳：変動費　1,600,000円，固定費　2,500,000円）

販売費及び一般管理費：

変動販売費　製品1個あたり320円

固定販売費及び一般管理費　780,000円

3 販売データ

販売単価　2,000円

解答

(1) 全部原価計算による損益計算書

損　益　計　算　書	（単位：円）
Ⅰ　売上高	9,000,000
Ⅱ　売上原価	5,580,000
売上総利益	3,420,000
Ⅲ　販売費及び一般管理費	2,220,000
営業利益	1,200,000

(2) 直接原価計算による損益計算書

損　益　計　算　書	（単位：円）
Ⅰ　売上高	9,000,000
Ⅱ　変動売上原価	3,330,000
変動製造マージン	5,670,000
Ⅲ　変動販売費	1,440,000
限界利益	4,230,000
Ⅳ　固定費	3,280,000
営業利益	950,000

解説

(1) 全部原価計算による損益計算書の作成
　① 売上高：4,500 個 × 2,000 円 / 個 ＝ 9,000,000 円
　② 売上原価の計算（生産した 5,000 個の製造原価のうち販売した 4,500 個分の原価）

売上原価： $\dfrac{2,100,000 \text{円} + 4,100,000 \text{円}}{5,000 \text{個}} \times 4,500 \text{個} = 5,580,000 \text{円}$

月末在庫分： $\dfrac{2,100,000 \text{円} + 4,100,000 \text{円}}{5,000 \text{個}} \times 500 \text{個} = 620,000 \text{円}$

製　品

当月完成（5,000 個）	当月販売（4,500 個）	
2,100,000 円 4,100,000 円 6,200,000 円	5,580,000 円	→ 売上原価
	月末在庫（500 個） 620,000 円	

③ 販売費及び一般管理の計算（変動販売費は販売数量分を計算）
販売費及び一般管理費：4,500 個 × 320 円/個 + 780,000 円 = 2,220,000 円
④ 営業利益の計算
営業利益：9,000,000 円 −（5,580,000 円 + 2,220,000 円）= 1,200,000 円
(2) 直接原価計算による損益計算書の作成
① 売上高：4,500 個 × 2,000 円/個 = 9,000,000 円
② 変動売上原価の計算
（生産した 5,000 個の変動製造原価のうち販売した 4,500 個分の原価）

売上原価：$\dfrac{2,100,000 円 + 1,600,000 円}{5,000 個} \times 4,500 個 = 3,330,000 円$

月末在庫分：$\dfrac{2,100,000 円 + 1,600,000 円}{5,000 個} \times 500 個 = 370,000 円$

製　　品

当月完成（5,000 個） 2,100,000 円 1,600,000 円 3,700,000 円	当月販売 （4,500 個） 3,330,000 円
	月末在庫 （500 個） 370,000 円

→ 売上原価

③ 変動販売費の計算（変動販売費は販売数量分を計算）
変動販売費：4,500 個 × 320 円/個 = 1,440,000 円
④ 固定費の計算
固定製造原価：2,500,000 円
固定販売費及び一般管理費：780,000 円
⑤ 営業利益の計算：
営業利益：
　　9,000,000 円
　　　−（3,330,000 円 + 1,440,000 円 + 2,500,000 円 + 780,000 円）
　　= 950,000 円

なお，全部原価計算と直接原価計算の営業利益の差額 250,000 円（= 1,200,000 円 − 950,000 円）は，全部原価計算において月末在庫分に含まれる固定製造原価の金額と一致する。

固定製造原価の月末在庫分：$\dfrac{2,500,000 円}{5,000 個} \times 500 個 = 250,000 円$

また，製造間接費を予定配賦した場合の直接原価計算の計算例を示せば，次のとおりである。

設例13-2

当工場では，直接原価計算を行っている。次に示す資料に基づき，直接原価計算による損益計算書を作成しなさい。

資料

1. 製造間接費は，製品生産量を配賦基準として，予定配賦する。年間の予定生産量は24,000個，年間の製造間接費予算額は，変動費が36,000万円，固定費が28,800万円である。
2. 製造間接費配賦差額は，その月の売上原価に賦課する。
3. 製品の庫出単価の計算は先入先出法による。
4. 製品の販売単価は10万円である。
5. 生産・販売データ：

    | 月初仕掛品数量 | 0個 | 月初製品在庫数量 | 300個 |
    | 当月投入量 | 1,800個 | 当月完成品数量 | 1,800個 |
    | 計 | 1,800個 | 計 | 2,100個 |
    | 月末仕掛品数量 | 0個 | 月末製品在庫数量 | 200個 |
    | 当月完成品数量 | 1,800個 | 当月販売数量 | 1,900個 |

6. 当月の原価資料
    (1) 月初製品：
        直接材料費 590万円，直接労務費 840万円，変動製造間接費 450万円
    (2) 直接材料費（変動費）　　　　　3,670万円
    (3) 直接労務費（変動費）　　　　　5,150万円
    (4) 製造間接費発生額：
        変動製造間接費　　　　　　　2,780万円
        固定製造間接費　　　　　　　2,400万円
    (5) 販売費及び一般管理費：
        変動販売費　　　　　　　　　　950万円
        固定販売費　　　　　　　　　　700万円
        一般管理費（すべて固定費）　1,750万円

解 答

損 益 計 算 書　　　（単位：万円）

売上高		19,000
変動売上原価		
月初製品有高	1,880	
当月製品変動製造原価	11,520	
合　　計	13,400	
月末製品有高	1,280	
差　引	12,120	
原価差異	（＋）80	12,200
変動製造マージン		6,800
変動販売費		950
限界利益		5,850
固定費		
固定製造原価	2,400	
販売費及び一般管理費	2,450	4,850
営業利益		1,000

解 説

(1) 売上高の計算：

　売上高：1,900 個 × 10 万円/個 ＝ 19,000 万円

(2) 変動売上原価の計算

① 月初製品有高：590 万円 ＋ 840 万円 ＋ 450 万円 ＝ 1,880 万円

② 当月製品変動製造原価の計算：

製造間接費が予定配賦されているため，変動製造間接費予定配賦額を計算する必要がある。

変動製造間接費予定配賦率：$\dfrac{36,000 \text{ 万円}}{24,000 \text{ 個}}$ ＝ 1.5 万円/個

変動製造間接費予定配賦額：1,800 個 × 1.5 万円/個 ＝ 2,700 万円
　　　　　　　　　　　　　　　当月投入量

当月製品変動製造原価：3,670 万円 ＋ 5,150 万円 ＋ 2,700 万円 ＝ 11,520 万円
　　　　　　　　　　　　直接材料費　　直接労務費

③ 月末製品有高の計算：

庫出単価の計算が先入先出法であるため，月末製品有高は当月製品製造原価の単価で計算する。

月末製品有高：200 個 × $\dfrac{11,520 \text{ 万円}}{1,800 \text{ 個}}$ ＝ 1,280 万円
　　　　　　　　月末在庫数量

④原価差異（変動製造間接費配賦差異）の計算：

原価差異：2,700万円 － 2,780万円 ＝ －80万円（借方差異）
　　　　　　予定配賦額　　実際発生額

借方差異（予定額より実際額が大きい）のため，変動売上原価に加算する。
(3) 変動販売費：950万円
(4) 固定費の計算
　① 固定製造間接費：2,400万円
　② 固定販売費及び一般管理費：700万円 ＋ 1,750万円 ＝ 2,450万円

3 固定費調整

　直接原価計算が，短期の利益計画を中心とした経営管理のために有効なことは明らかである。しかしながら，公開財務諸表の作成にあたっては，上述したように全部原価計算による営業利益が求められており，直接原価計算による営業利益は認められていない。

　このため，直接原価計算によって作成された損益計算書の営業利益については，金額の調整を行い，全部原価計算による営業利益に修正する手続きが必要になる。この修正手続きのことを固定費調整という。

　全部原価計算と直接原価計算の営業利益の関係式は，上述したとおりであるが，それをもとに直接原価計算の営業利益を全部原価計算の営業利益に修正するための式を示せば，次のとおりである。

```
　　直接原価計算による営業利益　　　　　×××円
　＋ 期末在庫高に含まれる固定製造原価　　 ×××
　－ 期首在庫高に含まれる固定製造原価　　 ×××
　　全部原価計算による営業利益　　　　　×××円
```

　損益計算書では，次のような形で固定費調整が示される。

損　益　計　算　書	（単位：円）	
Ⅰ　売上高	×××	
Ⅱ　変動費	×××	
限界利益	×××	
Ⅲ　固定費	×××	
営業利益	×××	
Ⅳ　固定費調整		
期末在庫高に含まれる固定製造原価	×××	← 加算
期首在庫高に含まれる固定製造原価	×××	← 減算
営業利益	×××	

　ここで，直接実際原価計算を採用している場合における固定費調整の方法には，ころがし計算法と一括調整法の2つがある。

(1) ころがし計算法

　ころがし計算法とは，売上品，期末製品および期末仕掛品という科目別に，また期末棚卸資産の評価方法（平均法・先入先出法）の違いに応じて，固定製造原価を追加配賦する方法である。すなわちころがし計算法では，全部原価計算における期末棚卸資産の評価方法に準じて，まず期末仕掛品に含まれる固定製造原価を計算し，次いで期末製品に含まれる固定製造原価を計算する。ころがし計算法における計算の流れを図示すると，図表13-3のようになる。

図表13-3　ころがし計算法における計算の流れ

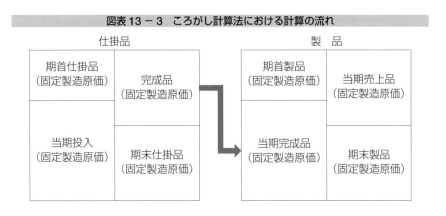

ころがし計算法では，図表13-3の流れに従って，期末仕掛品に含まれる固定製造原価と期末製品に含まれる固定製造原価を，順次計算していく。

(2) 一括調整法

一括調整法とは，当期に発生した固定製造原価を売上品，期末製品および期末仕掛品に一括的に追加配賦する方法である。追加配賦の基準としては，変動加工費や直接作業時間などが考えられる。一括調整法は簡便的な計算法であるため，通常，固定費調整後の営業利益が全部原価計算の営業利益と一致しない。

なお一括調整法には，固定製造原価を売上品，期末製品および期末仕掛品という科目別に追加配賦する方法のほかに，一括して期末の棚卸資産に追加配賦する方法もある。

設例13-3

以下の資料に基づき，次の問に答えなさい。

問1 ①ころがし計算法と②一括調整法により，期末仕掛品と期末製品に含まれる固定加工費の金額を計算しなさい。なお，原価配分は先入先出法によること。また，一括調整法では実際直接作業時間を基準に固定加工費を配賦する。当期の実際直接作業時間は1,500時間（うち，期末製品に対する直接作業時間490時間，期末仕掛品に対する直接作業時間255時間）である。

問2 ころがし計算法で固定費調整した直接原価計算方式の損益計算書を示しなさい。

資料

1 生産・販売データ

期首仕掛品	200個	(50%)	期首製品	400個
当期投入	800		完成品	600
合計	1,000個		合計	1,000個
期末仕掛品	400	(25%)	期末製品	200
完成品	600個		売上品	800個

原料は工程の始点で投入されている。また，（ ）内は加工進捗度を示す。

2 販売価格に関するデータ　販売単価　3,500円
3 原価データ
　(1) 原料費（変動費）
　　　期首仕掛品原料費　188,000円　　期首製品原料費　390,000円

当期原料費発生額　800,000 円　　売上品原料費　　782,000 円
　　　期末仕掛品原料費　400,000 円　　期末製品原料費　196,000 円
（2）変動加工費
　　　期首仕掛品変動加工費　　70,000 円　　期首製品変動加工費　248,000 円
　　　当期変動加工費発生額　 384,000 円　　売上品変動加工費　　508,000 円
　　　期末仕掛品変動加工費　　64,000 円　　期末製品変動加工費　130,000 円
（3）固定加工費
　　　期首仕掛品固定加工費　　77,000 円　　期首製品固定加工費　315,000 円
　　　当期固定加工費発生額　 480,000 円
（4）販売費及び一般管理費　630,000 円（すべて固定費）

解答 解説

問 1

① ころがし計算法

期末仕掛品に含まれる固定加工費

$$\frac{480,000\ 円}{600\ 個 - 200\ 個 \times 50\% + 400\ 個 \times 25\%} \times 400\ 個 \times 25\% = 80,000\ 円$$

期末製品に含まれる固定加工費

$$\frac{77,000\ 円 + 480,000\ 円 - 80,000\ 円}{800\ 個 - 400\ 個 + 200\ 個} \times 200\ 個 = 159,000\ 円$$

② 一括調整法

期末仕掛品に含まれる固定加工費

$$\frac{480,000\ 円}{1,500\ 時間} \times 255\ 時間 = 81,600\ 円$$

期末製品に含まれる固定加工費

$$\frac{480,000\ 円}{1,500\ 時間} \times 490\ 時間 = 156,800\ 円$$

問 2

損 益 計 算 書 (単位:円)

Ⅰ 売 上 高		2,800,000
Ⅱ 変動売上原価		
1. 月初製品棚卸高	638,000	
2. 当月製品製造原価	978,000	
合　　計	1,616,000	
3. 月末製品棚卸高	326,000	1,290,000
限 界 利 益		1,510,000
Ⅲ 固 定 費		
1. 加　　工　　費		480,000
2. 販売費及び一般管理費		630,000
直接原価計算方式の営業利益		400,000
固 定 費 調 整		
期末棚卸資産に含まれる固定製造原価		239,000[1]
計		639,000
期首卸卸資産に含まれる固定製造原価		392,000[2]
全部原価計算方式の営業利益		247,000

1) 80,000円 + 159,000円　　2) 77,000円 + 315,000円

復習問題

(問題1) 全部原価計算と直接原価計算の営業利益の相違について説明してください。

(問題2) 固定費調整の方法について説明してください。

業務執行的意思決定のための原価計算　第14章

Key Word
経営意思決定　業務執行的意思決定　戦略的意思決定　差額原価　埋没原価
差額原価収益分析　総額法　差額法　最適セールス・ミックス　経済的発注量

1 業務執行的意思決定の意義

　経営意思決定は，経営管理者が一定の目標を達成するために，複数の代替案のなかから1つの案を選択することであるが，その意思決定が経営構造そのものに関するか否かにより，業務執行的意思決定と戦略的意思決定に分類される。

図表14－1　経営意思決定の分類

経営意思決定 ─┬─ 業務執行的意思決定…経営の基本構造の変更をともなわない意思決定
　　　　　　　└─ 戦略的意思決定…経営の基本構造に関する意思決定

　業務執行的意思決定は，経営の基本構造の変更をともなわない意思決定であり，主として短期間を対象とした意思決定であるため，貨幣の時間価値を考慮する必要がない。具体的には，次のようなものが例としてあげられる。
① 新規注文の引受け可否に関する意思決定
② 部品を自製するか購入するかに関する意思決定
③ 既存製品のうち，一部品種の生産・販売を中止するか否かに関する意思決定
④ 最適セールス・ミックスに関する意思決定
⑤ 経済的発注量に関する意思決定

　他方，戦略的意思決定は，経営の基本構造に関する意思決定であり，その効果が長期にわたるため，貨幣の時間価値を考慮する必要がある。設備投資や経

営立地に関する意思決定がこの具体例であるが,戦略的意思決定については次章で改めて説明する。

経営意思決定は,①問題の明確化,②問題を解決するための代替案の列挙,③代替案の数量化,④代替案の比較検討ならびに選択,⑤選択案の報告,⑥経営管理者による決定というプロセスで行われる。この一連のプロセスにおいて,代替案の数量化ならびに比較検討の段階において,原価計算が必要となる。

2 差額原価収益分析

(1) 差額原価収益分析の意義と分析法

意思決定において代替案のなかから1つの案を選択するために主として利用される分析手法が,差額原価収益分析である。差額原価収益分析は増分分析または差額分析ともいわれ,意思決定のための特殊な原価情報を用いて行われるものであり,特殊原価調査の代表的な手法の1つである。

差額原価収益分析では,そのときの意思決定が原価のみに影響を及ぼすものであれば,代替案の差額原価を計算し,有利・不利を判定する。収益にも影響を及ぼす意思決定の場合には,差額利益(=差額収益−差額原価)を計算し,有利・不利を判定する。

差額原価収益分析では,その分析方法に1)総額法と2)差額法がある。

1) 総額法

これは,すべての代替案について,原価総額(収益にも影響を及ぼす場合には収益総額,原価総額および利益額)を計算し,差額原価(収益にも影響を及ぼす場合には差額収益,差額原価および差額利益)を明示することにより,有利・不利を判定していく方法である。

2) 差額法

これは,ある代替案を基礎とし,ほかの代替案との差額原価(収益にも影響を及ぼす場合には差額収益から差額原価を控除した差額利益)のみを明示することにより,有利・不利を判定していく方法である。

両者を比較すると，総額法は各代替案の原価や収益の総額がわかる反面，意思決定に関連しない情報までが含まれることになる。また，差額法に比べ資料の作成に手間もかかる。これに対し差額法は，意思決定に関連する情報だけをまとめた資料であり，経営管理者に比較的理解されやすい。ただし，代替案の数が多くなると，どの案を基準にすべきかなど複雑な面もでてくる。どちらの方法を用いるかは，その情報利用者である経営管理者にとっての理解しやすさで決める必要がある。

(2) 差額原価収益分析の計算例

1) 新規注文の引き受け可否に関する意思決定

　企業では，新規注文が入った場合，その注文価格で引き受けるべきか否かの意思決定がなされる。この場合，注文を引き受けなかった場合の利益と引き受けた場合の利益を比較し，有利・不利を判定する。

設例14-1

　C工業は製品Aを生産・販売している会社である。最近は取引先や注文量が安定しており，平均して月間30,000個の生産・販売ペースを維持している。今月もまた30,000個（販売単価4,000円）の生産・販売を予定している。そんな折，これまで取引関係のなかったT物産より，製品A5,000個（注文価格3,300円）の新規注文が入った。この注文を受けるべきか断るべきかの判断を下しなさい。

資料

製品Aの生産に関するデータ
1 製品A30,000個を生産するための原価

　　　変動製造原価　　75,000,000円　（@2,500円×30,000個）
　　　固定製造原価　　27,000,000円　（月間）
　　　合　　　計　　102,000,000円

　　　製品単位原価　3,400円（＝102,000,000円÷30,000個）

2 生産能力に余力があり，月間40,000個までは設備などの追加を必要としない。
3 販売費及び一般管理費は発生しない。

解 答

注文を引き受けるべきである。

解 説

このとき,注文価格（3,300円）より製品単位原価（3,400円）の方が大きいため注文は断るべきと考えるのは誤りである。このケースでは,生産能力に余力があり,5,000個の追加生産を行っても,月間の固定製造原価は変化しない。したがって,新規注文を受けた場合,変化するのは売上高と変動製造原価だけであり,意思決定に必要な資料を総額法で示せば,以下のようになる。

	引き受けた場合	断った場合	差　額	
売 上 高	136,500,000円[1]	120,000,000円	16,500,000円	（差額収益）
売上原価				
変 動 費	87,500,000[2]	75,000,000	12,500,000	（差額原価）
固 定 費	27,000,000	27,000,000	－	
営 業 利 益	22,000,000円	18,000,000円	4,000,000円	（差額利益）

1) 4,000円×30,000個＋3,300円×5,000個
2) 2,500円×（30,000個＋5,000個）

この資料からわかるように,注文を引き受けた場合の利益が4,000,000円増加するため,新規注文を引き受けるべきである。

なお,注文を引き受けた場合をベースに差額法により示せば,次のとおりである。

注文を引き受けた場合		
差額収益	16,500,000円	（＝3,300円×5,000個）
差額原価	12,500,000	（＝2,500円×5,000個）
差額利益	4,000,000円	

2) 部品を自製するか購入するかに関する意思決定

企業は使用する部品を,自製するか他社から購入するか意思決定する必要がある。この場合,自製することにより追加的に発生する差額原価と,購入により発生する差額原価（部品の購入原価）を比較し,有利・不利を判定する。

設例14-2

S工業では，これまで部品Aを自製してきたが，製造原価の上昇にともない外部からの購入について検討している。以下の資料に示すとおり，月間5,000個の生産を基準として部品Aの製造単位原価は15,800円である。外部から購入した場合，輸送費込みで1個あたり15,000円での購入が可能ということがわかった。また，部品Aの自製をやめた場合，固定製造間接費のうち3,000,000円の発生が回避される。部品Aを自製すべきか購入すべきか判断しなさい。

資料

1 部品Aの必要数量　5,000個（月間）
2 部品Aの外部からの購入価格　14,000円/個
　なお，輸送費として1,000円/個も発生する。
3 部品Aの製造単位原価
　①　直接材料費：　　5,500円/個
　②　直接労務費：　　5,300円/個
　③　製造間接費：　　5,000円/個　（うち固定製造間接費：2,000円/個）
　　　合　計　　　　15,800円/個

解答

自製することが有利である。

解説

このケースは，収益に影響を及ぼさない意思決定であり，差額原価のみで判断することができる。自製と購入の場合の原価を総額法で示せば，次のとおりである。自製の場合の原価が購入の場合の原価よりも総額で3,000,000円少なくなるため，自製が有利となる。なお，購入した場合，固定製造原価のうち3,000,000円は発生を回避できるものの，7,000,000円（＝2,000円/個×5,000個－3,000,000円）は発生する点に注意が必要である。

	自製した場合	購入した場合	差　額
購　入　原　価	－	75,000,000円	△75,000,000円
直　接　材　料　費	27,500,000円	－	27,500,000円
直　接　労　務　費	26,500,000円	－	26,500,000円
変　動　製　造　間　接　費	15,000,000円	－	15,000,000円
固　定　製　造　間　接　費	10,000,000円	7,000,000円	3,000,000円
合　計	79,000,000円	82,000,000円	△3,000,000円

3) 一部品種の生産・販売を中止するか否かに関する意思決定

企業が複数の製品を生産・販売している場合，製品間に収益性の差が生じる。経営管理者は，収益性の高い製品の生産・販売により力を注ぎ，場合によっては収益性の低い製品の生産・販売を中止する決定を下す必要がある。

設例14－3

N工業では，A，B，Cの3種類の製品を生産・販売している。当期の製品別損益計算書は以下の資料に示されているとおりである。なお，次期の業績については当期と同様であると予測されている。そこで，次の問に答えなさい。

問1　製品Bは赤字であると計算されている。この製品の生産・販売を中止すべきか否かを検討しなさい。ただし，製品Bの生産を中止しても，それに代わる製品はないものとする。

問2　製品Cは，営業努力により1,800,000円まで売上を伸ばすことが可能である。ただし，売上が1,600,000円を超えた場合，製品Cの生産のみに関連して発生する個別固定費が100,000円追加発生する（すべての製品に共通的に発生する共通固定費は増減しない）。この場合，製品Cの生産・販売を伸ばすべきか検討しなさい。

資料

製品別損益計算書　　　　　　　　　　　（単位：円）

	製品A	製品B	製品C	合　計
売　上　高	1,200,000	800,000	1,600,000	3,600,000
変動売上原価	600,000	520,000	960,000	2,080,000
限　界　利　益	600,000	280,000	640,000	1,520,000
固　　定　　費				
個　別　固　定　費	240,000	160,000	300,000	700,000
共　通　固　定　費※	240,000	160,000	320,000	720,000
営　業　利　益	120,000	△40,000	20,000	100,000

※共通固定費の720,000円は，各製品の売上高を基準に配賦されている。

解答

問1　製品Bの生産・販売を中止すべきではない。
問2　製品Cのこれ以上の生産・販売は止めるべきである。

解説

問1

資料に示されている損益計算書は，共通固定費を各製品に配賦したうえで営業利益を算定している。共通固定費は個別製品の生産の継続あるいは中止にかかわらず発生する原価要素であるため，各製品の収益性は限界利益から個別固定費を控除した利益額（これを貢献利益という）で判断すべきである。つまり，次のような損益計算書を作成し，判断する必要がある。

製品別損益計算書　　　　　　　　　　　　（単位：円）

	製品A	製品B	製品C	合計
売　上　高	1,200,000	800,000	1,600,000	3,600,000
変動売上原価	600,000	520,000	960,000	2,080,000
限　界　利　益	600,000	280,000	640,000	1,520,000
固　　定　　費				
個　別　固　定　費	240,000	160,000	300,000	700,000
貢　献　利　益	360,000	120,000	340,000	820,000
共　通　固　定　費	240,000	160,000	320,000	720,000
営　業　利　益	120,000	△40,000	20,000	100,000

これによると，製品Bの貢献利益は120,000円である。もし製品Bの生産・販売を中止すると，会社全体で営業利益が120,000円減少することになる。したがって，製品Bの生産・販売を中止すべきではない。

問2

製品Cをこれ以上生産・販売するためには，100,000円の個別固定費が発生する。仮に製品Cの売上高を最大1,800,000円とした場合の貢献利益は，次のとおりである。

売　上　高	1,800,000円	
変動売上原価	1,080,000円	$\left(= 960,000円 \times \dfrac{1,800,000円}{1,600,000円}\right)$
限界利益	720,000円	
個　別　固　定　費	400,000円	（= 300,000円 + 100,000円）
貢献利益	320,000円	

売上高を1,800,000円に伸ばした場合，限界利益は80,000円増加するものの，個別固定費が100,000円増えることにより貢献利益は20,000円減少することになる。したがって，製品Cのこれ以上の生産・販売は止めるべきである。

4） 最適セールス・ミックスに関する意思決定

複数の製品を生産・販売している場合，製品の販売量の組合せを変更することにより，利益の改善を図ることがある。このとき，企業の営業利益を最大にする製品の組合せのことを，最適セールス・ミックスという。

最適セールス・ミックスを決定するためには，各製品の限界利益が判断の基準となる。ただし，企業には売上高，販売数量，機械運転時間などの制約条件が存在することが一般的である。各製品に共通する制約条件が1つであれば，各製品の制約条件1単位あたりの限界利益を比較し，その金額の大きい製品の生産・販売を優先することにより最適セールス・ミックスを求めることができる。制約条件と収益性の判断基準（指標）をまとめれば，次のとおりである。

制約条件	判断基準
売　上　高	売上高限界利益率（＝限界利益÷売上高）
販　売　数　量	製品1単位あたりの限界利益
機 械 運 転 時 間	機械運転1時間あたりの限界利益
材 料 消 費 数 量	材料消費1単位あたりの限界利益

設例14－4

Y工業は，2種類の製品A，Bを生産販売している。以下の資料に基づき，最適セールス・ミックスとそのときの営業利益を求めなさい。

資料

1 販売価格と原価に関するデータ

	製品A	製品B
販売単価	800円	700円
単位あたり変動費	400円	400円
固定費（年間）	250,000円（共通固定費）	

2 機械運転時間に関するデータ
　製品1個を生産するために必要な機械運転時間：製品A　4時間　　製品B　2時間
　機械年間最大運転時間：4,000時間

3 販売数量に関するデータ

需要の関係で，製品Aの最大販売数量は2,000個，製品Bの最大販売数量は1,500個である。

[解答]

最適セールス・ミックス：製品A　250個　　製品B　1,500個
営業利益：300,000円

[解説]

この設例の製品1単位あたりの限界利益ならびに制約条件（機械運転時間）1単位あたりの限界利益を示せば，次のとおりである。

	製品A	製品B
販売単価	800円	700円
単位あたり変動費	400	400
単位あたり限界利益	400円	300円
機械運転1時間あたりの限界利益	100円	150円

本問で機械運転時間（両製品に共通の制約条件）の制約がなければ，製品1単位あたりの限界利益が大きい製品Aの生産・販売を優先すればよいことになるが，機械運転時間に関する条件により，機械運転1時間あたりの限界利益が大きい製品Bの生産・販売を優先させることがよい。つまり，製品Bを最大販売数量（1,500個）まで生産し，余った機械運転時間（1,000時間＝4,000時間－1,500個×2時間）を製品Aの生産（250個＝1,000時間÷4時間）に振り向ければよいことになる。

これにより，営業利益は製品単位あたりの限界利益を使い，次のように計算できる。

営業利益：400円×250個＋300円×1,500個－250,000円＝300,000円

このように各製品に共通する制約条件が1つの場合には，比較的簡単な計算で最適セールス・ミックスを求めることが可能である。しかしながら，制約条件が複数になると，線型計画法（リニア・プログラミング）を用いる必要が生じる。

|||設例14－5|||

設例14-4の資料のうち，機械運転時間に関するデータの条件のみが次のように変更された場合の最適セールス・ミックスと，そのときの営業利益を計算しなさい。

[資料]

1.3 設例 14-4 に同じ

2 機械運転時間に関するデータ

製品 A, B を生産するためには, X 機械と Y 機械による加工が必要であり, 製品 1 個を生産するために必要な機械運転時間と年間の最大運転時間は, 次のとおりである。

	製品 A	製品 B	最大運転時間
X 機械	4 時間	2 時間	4,000 時間
Y 機械	1 時間	2 時間	1,750 時間

[解答]

最適セールス・ミックス：製品 A　750 個　　製品 B　500 個
営業利益：200,000 円

[解説]

最適セールス・ミックスを求めるためには, 制約条件の数式をグラフ化し, すべての条件を満たす可能領域を明らかにする必要がある。ここで, 製品 A の生産数量を x 個, 製品 B の生産数量を y 個とすると, 次のように数式化できる。

制約条件：$4x + 2y \leq 4,000$ … (X 機械に関する制約) …… ①式
　　　　　$x + 2y \leq 1,750$ … (Y 機械に関する制約) …… ②式
　　　　　$x \leq 2,000$ … (製品 A の販売数量に関する制約) …… ③式
　　　　　$y \leq 1,500$ … (製品 B の販売数量に関する制約) …… ④式

非負条件：$x \geq 0$, $y \geq 0$

この条件において利益（限界利益）を最大にすることが目的であるため, 次の目的関数が導き出される。

目的関数：$400x + 300y \Rightarrow \max$

このケースでは, 変数が 2 つだけであるため, 制約条件と非負条件をグラフに示すことにより最適セールス・ミックスを求めることが可能となる。

このとき, すべての条件を満たす領域は網掛けした部分であり, 目的関数を最大にする値は端点 a, b, c, d のいずれかにある。

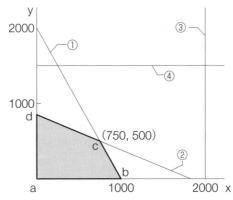

端点	製品A	製品B	限界利益の計算
a	0個	0個	400円 × 0個 + 300円 × 0個 = 0円
b	1,000個	0個	400円 × 1,000個 + 300円 × 0個 = 400,000円
c	750個	500個	400円 × 750個 + 300円 × 500個 = 450,000円
d	0個	875個	400円 × 0個 + 300円 × 875個 = 262,500円

この結果からわかるように，製品A750個，製品B500個の組合せが最適セールス・ミックスとなる。また，このときの営業利益は，次のように計算できる。

営業利益：400円 × 750個 + 300円 × 500個 − 250,000円 = 200,000円

5） 経済的発注量に関する意思決定

企業は在庫管理の視点から，材料の購入から消費にかかる原価を最小にするための最適な発注量を決定する必要がある。このとき，材料を購入し消費するまでには，材料の発注費と保管費が発生する。発注費とは材料の発注から入庫までに必要とされる原価（発注のための電話料や郵便料，事務用消耗品費など）であり，保管費とは材料を保管するための原価（保険料，倉庫料，材料投資額に対する資本コストなど）である。発注費と保管費の年間の発生額は次の式で求められる。

年間発注費 = 年間発注回数 × 1回あたりの発注費
年間保管費 = 年間平均在庫数量※ × 単位当たりの保管費

※1回あたりの発注量の2分の1として計算する。

ここで発注費と保管費とは，相反する関係にある。1回の発注量を多くし発注回数を少なくすると，発注費は安くなるが保管費が高くなる。逆に1回の発注量を少なくし発注回数を多くすると，発注費は高くなるが保管費は安くなくなる。そこで企業では，最も経済的な発注量と発注回数を算出する必要がある。つまり，発注費と保管費の合計額を最小にするための1回あたりの発注量を決定するということであり，このときの発注量を経済的発注量という。

経済的発注量は，年間の需要量が合理的に予測され，しかもその需要が年間を通して一定のスピードで維持されると仮定される場合，次の式で求めることができる。

経済的発注量 ＝ ［年間発注費 ＝ 年間保管費］となる発注量

$$= \sqrt{\frac{2 \times 年間消費数量 \times 1回あたりの発注費}{単位あたり保管費}}$$

設例14-6

次の資料に基づき，経済的発注量を計算しなさい。なお，1回の発注は100個単位で行っている。

[資 料]
1 材料年間予定消費量　：15,600個
2 1回あたりの発注費　：19,000円
3 材料単位あたり保管費：400円

[解 答]
経済的発注量：1,200個

[解 説]

$$経済的発注量 = \sqrt{\frac{2 \times 15,600個 \times 19,000円}{400円}} ≒ 1,217$$

材料は100個単位で発注という条件があるので，1,217個の前後で100の倍数となる1,200個と1,300個の場合の発注費と保管費の合計額を比較し，最適な発注量を求める。

発注費の計算　　　　保管費の計算

1,200個：$19,000円 \times \dfrac{15,600個}{1,200個} + 400円 \times \dfrac{1,200個}{2} = 487,000円$

1,300個：$19,000円 \times \dfrac{15,600個}{1,300個} + 400円 \times \dfrac{1,300個}{2} = 488,000円$

1,200個の場合が1,300個の場合よりも1,000円少ないことから，1,200個が経済的発注量となる。

復習問題

(問題1) 業務執行的意思決定の意義と具体例をまとめてください。
(問題2) 差額原価収益分析の総額法と差額法についてまとめてください。

戦略的意思決定のための原価計算　第15章

Key Word
貨幣の時間価値　現在価値　現価係数　年金現価係数　単純回収期間法
単純投資利益率法　正味現在価値法　収益性指数法　内部利益率法

1 戦略的意思決定の意義

　戦略的意思決定は，業務執行的意思決定とは異なり，経営の基本構造に関する意思決定である。その具体例として，次のようなものがあげられる。
　① 設備投資に関する意思決定
　② 経営立地に関する意思決定
　③ 組織構造に関する意思決定
　戦略的意思決定は，その効果が長期にわたるものであり，一度決定されてしまうと，それを変更・修正することが不可能であるか，きわめて困難である。意思決定の効果が長期にわたるという点から，計算においては貨幣の時間価値を考慮することが合理的である。
　以下では，戦略的意思決定の代表例である設備投資を取り上げ，その特徴や評価（経済性計算）を説明する。

2 設備投資に関する意思決定のための基礎概念

(1) キャッシュ・フロー

　設備投資とは，固定設備（建物，機械装置など）の新設・取替・拡張・改良などのための資本支出である。設備投資の効果は長期にわたるため，発生主義に基づく期間利益ではなく，設備投資のための現金流出額（cash outflow：キャッシュ・アウトフロー）と設備投資により得られる現金流入額（cash inflow：キャッシュ・インフロー），つまり，現金流出入額（cash flow：キャッシュ・フロー）により評価すべきである。

このとき，意思決定において利用されるキャッシュ・フローは，一般的に税引後キャッシュ・フローである。これは税金（法人税等）が，企業にとってキャッシュ・アウトフローになるからである。税金の算定のためには，会計上の利益の計算が必要となるが，その計算にはキャッシュ・アウトフローをともなわない減価償却費も費用として含まれている。したがって，税引後キャッシュ・フローは，税金と減価償却費を考慮し，次のように計算される。

　　税引後キャッシュ・フロー

　　　＝ 税引後営業利益 ＋ 減価償却費

　　　＝ {収益 －(現金支出費用 ＋ 減価償却費)} ×（1 － 税率）＋ 減価償却費

　　　＝ 税引前営業利益 ×（1 － 税率）＋ 減価償却費

　なお，減価償却費は費用ではあるが現金支出をともなわないため，その分の税金は節約される。この節約分はタックス・シールドといい，次の式で求められる。

　　タックス・シールド ＝ 減価償却費 × 税率

　タックス・シールドを考慮した場合，税引後キャッシュ・フローは，次のようにも算定できる。

　　税引後キャッシュ・フロー

　　　＝（収益 － 現金支出費用）×（1 － 税率）＋ 減価償却費 × 税率

設例15－1

次の資料に基づき，税引後キャッシュ・フローを算定しなさい。

資料
1 収益（現金流入額）：1,500,000 円
2 費用：現金支出費用　800,000 円，減価償却費　300,000 円
3 税率：40％

解答
　税引後キャッシュ・フロー：540,000 円

【解 説】
　税引後キャッシュ・フロー
　　＝ {1,500,000 円 −（800,000 円 ＋ 300,000 円）} ×（1 − 0.4）＋ 300,000 円
　　＝ 540,000 円
なお，この計算は，次のように考えるとわかりやすいであろう。

収益（現金流入額）　1,500,000 円
費用
　現金支出費用　　　800,000
　減価償却費　　　　300,000　…①
　　税引前営業利益　400,000 円　　　① ＋ ② ＝ 税引後キャッシュ・フロー
　税金（法人税等）　160,000　　　　　　　　　＝ 540,000 円
　　税引後営業利益　240,000 円…②

また，タックス・シールドを考慮した計算をすれば，次のようにも計算できる。
　税引後キャッシュ・フロー
　　＝（1,500,000 円 − 800,000 円）×（1 − 0.4）＋ 300,000 円 × 0.4
　　＝ 540,000 円

(2) 貨幣の時間価値

　設備投資の意思決定において，キャッシュ・アウトフローとインフローが同時に一度だけ生じるのであれば，その評価は簡単である。しかしながら，設備投資はその効果が長期にわたるものであり，通常，キャッシュ・フローは，数年間にわたり発生する。この場合，貨幣の時間価値を考慮することが合理的である。

　たとえば，10,000 円を年利 5 ％（複利）で預金した場合，1 年後には 10,500 円（＝ 10,000 円 × 1.05），2 年後には 11,025 円（＝ 10,000 円 × 1.05^2）になる。つまり，年利 5 ％で考えた場合，現在の 10,000 円は 1 年後の 10,500 円，2 年後の 11,025 円と等しいことになる。このように，現在の貨幣価値（現在価値）を将来の貨幣価値（将来価値）に直すための計算を複利計算という。これに対し，1 年後の 10,000 円は年利 5 ％で考えた場合，現在の 9,524 円（≒ 10,000 円 ÷ 1.05）に等しいともいえる。このように将来価値を現在価値に直すための計算は，複利計算の逆であり，割引計算といわれる。

　設備投資の意思決定においては，年々のキャッシュ・フローを設備投資の開

始時点に統一させる，つまり，割引計算を行うことが一般的である。
　このとき，n年後のF円を年利r%で割り引いた場合，現在価値は次の式で求められる。

$$\text{現在価値} = \frac{F}{(1+r)^n}$$

　なお，割引計算により現在価値を求める場合，現価係数や年金現価係数を利用することが便利である。現価係数は年利r%のときのn年後の1円の現在価値を示し，年金現価係数は毎年1円ずつ得られる場合のn年後の獲得額の現在価値合計を示すものである。これらは，次の式で算定できる。

$$\text{現価係数} = \frac{1}{(1+r)^n}$$

$$\text{年金現価係数} = \frac{(1+r)^n - 1}{r(1+r)^n} = \frac{1-(1+r)^{-n}}{r}$$

　たとえば，年利5%の1年後の現価係数は0.9524（＝1÷1.05¹）であり，1年後の10,000円の現在価値は9,524円（＝10,000円×0.9524）と計算できる。

(3) 資本コスト

　設備投資のためには資金調達（銀行からの借入れ，社債の発行，新株の発行など）が必要であり，そのためには，利息や配当金などのコストがかかる。これが資本コストとよばれるものであり，少なくともこのコスト分は利益を上げなければならない。資本コストを年利で表したものが資本コスト率であり，設備投資における最低所要利益率を示し，設備投資の意思決定において将来価値を現在価値に割り引く際などに利用される。

　資本コストには，借入や社債の発行といった負債の資本コストと株式発行といった自己資本の資本コストがあり，調達源泉ごとに資本コスト率が算定される。設備投資の意思決定などにおいては，調達源泉ごとの資本コスト率を加重平均した加重平均資本コスト率（WACC）を使用することが一般的である。

　このとき，負債の資本コスト（支払利息など）は，費用として計上され，税法上の損金（法人税等の計算対象となる費用）ともなるため，法人税等による支出の節約額となる。したがって，法人税等の節約額を考慮に入れた資本コス

ト率は，次のように算定される。

　　負債の税引後資本コスト率 ＝ 税引前資本コスト率 ×（1 － 税率）

　これに対して自己資本の資本コスト（株主への配当金など）は，費用や損金とならないため，法人税等の節約効果は得られない。

　これにより，加重平均資本コスト率は次のように算定される。

$$\begin{aligned}\text{加重平均資本}\\ \text{コスト率}\end{aligned} = \begin{aligned}\text{負債構成}\\ \text{比率}\end{aligned} \times \begin{aligned}\text{負債の税引後}\\ \text{資本コスト率}\end{aligned} + \begin{aligned}\text{自己資本の}\\ \text{構成比率}\end{aligned} \times \begin{aligned}\text{自己資本の}\\ \text{資本コスト率}\end{aligned}$$

設例15－2

　次の資料により，税引後の加重平均資本コスト率を算定しなさい。なお，税率は40％とする。

資 料

調達源泉	構成割合	資本コスト率
負債	60％	5％（税引前）
株式	40％	9％

解答　解説

　加重平均資本コスト：60％ × 5％ ×（1 － 40％）＋ 40％ × 9％ ＝ 5.4％

3　設備投資の経済性計算

　設備投資の経済性計算にはさまざまな方法があるが，(1)貨幣の時間価値を考慮しない方法と (2)貨幣の時間価値を考慮する方法に大別される。

図表15－1　設備投資の経済性計算の諸方法

(1) 貨幣の時間価値を考慮しない方法 ─┬─ ① 単純回収期間法
　　　　　　　　　　　　　　　　　　└─ ② 単純投資利益率法

(2) 貨幣の時間価値を考慮する方法 ─┬─ ①正味現在価値法
　　　　　　　　　　　　　　　　　├─ ②収益性指数法
　　　　　　　　　　　　　　　　　└─ ③内部利益率法

(1) 貨幣の時間価値を考慮しない方法

設備投資の経済性計算においては，貨幣の時間価値を考慮することが合理的であるが，時間価値を考慮しない方法もある。とくに日本においては，時間価値を考慮しない方法が多くの企業で用いられてきた。

1) 単純回収期間法

単純回収期間法は，投資額を回収するために必要な期間を計算し，これの短い方の投資案（あるいは目標とする期間を下回る投資案）を有利と判断する方法である。

$$回収期間 = \frac{初期投資額}{年々のキャッシュ・インフロー}$$

単純回収期間法は，収益性をみるものではなく，安全性を重視した方法である。回収期間の短い投資が安全な投資であると考える。

設例15－3

I工業では，生産・販売計画に関する投資案A，Bについて検討中である。それぞれの投資案の初期投資額とキャッシュ・フローは以下の資料に示すとおりである。
この資料に基づき，単純回収期間法により，どちらの投資案が有利か判定しなさい。

資料

投資案	初期投資額	キャッシュ・フロー			
		1年度末	2年度末	3年度末	4年度末
A	－6,000万円	2,000万円	2,000万円	2,000万円	2,000万円
B	－5,000万円	1,200万円	1,600万円	2,400万円	1,600万円

解答

投資案Bが有利である。

解説

各投資案の回収期間は，年々の平均キャッシュ・フローを用い，以下のように求められる。

投資案A：$\dfrac{6,000\,\text{万円}}{2,000\,\text{万円}} = 3.0\,(年)$

投資案B：$\dfrac{5,000\,\text{万円}}{(1,200\,\text{万円} + 1,600\,\text{万円} + 2,400\,\text{万円} + 1,600\,\text{万円}) \div 4} \fallingdotseq 2.94\,(年)$

なお，投資案Bのように年々のキャッシュ・フローの金額が異なる場合には，年々のキャッシュ・フローを累積していき，回収期間を求める方法もある。この方法の場合，投資案Bの回収期間は，次のように算定される。

回収期間 ＝ 2年（2年度末で2,800万円を回収）＋ $\dfrac{2,200\,\text{万円}}{2,400\,\text{万円}} \fallingdotseq 2.92$ 年

2）単純投資利益率法

単純投資利益率法は，年間平均利益額の投資額に対する比率を計算し，この比率の高い投資案（あるいは目標とする比率を上回る投資案）を有利と判断する方法である。このときの分子の金額は，会計上の利益を用いる場合とキャッシュ・フローを用いる場合がある。また，投資額についても，投資総額で計算する場合と平均投資額（＝投資総額÷2）で計算する場合がある。

キャッシュ・フローを用いた投資利益率は，次の式で求められる。

投資利益率 ＝ $\dfrac{\left(\text{年々のキャッシュ・フローの合計額} - \text{総投資額}\right) \div \text{投資年数}}{\text{総投資額（あるいは平均投資額）}} \times 100$

この方法は，単純回収期間法とは異なり，投資の収益性を重視した方法である。

‖ 設例 15－4 ‖

設例15-3の資料に基づき，キャッシュ・フローを用いた投資利益率を算定し，どちらの投資案が有利か判定しなさい。なお，投資額は総投資額を用いて計算する。

[解 答]
投資案Bが有利である。

[解 説]
各投資案の投資利益率は，次のように計算できる。

投資案Ａ：
$$\frac{(2,000万円 + 2,000万円 + 2,000万円 + 2,000万円 - 6,000万円) \div 4}{6,000万円} \fallingdotseq 8.3\%$$

投資案Ｂ：
$$\frac{(1,200万円 + 1,600万円 + 2,400万円 + 1,600万円 - 5,000万円) \div 4}{5,000万円} = 9.0\%$$

(2) 貨幣の時間価値を考慮する方法

　すでに説明したとおり，その効果が長期にわたる設備投資の経済性計算においては，貨幣の時間価値を考慮し，投資案の有利・不利を判断することが理論上，合理的である。

1) 正味現在価値法

　正味現在価値法（NPV法）は，投資により得られる年々のキャッシュ・フローを資本コスト率で割り引くことにより算定した現在価値合計額から投資額を差し引くことにより正味現在価値を求め，その大小により投資案の優劣を決める方法である。ただし，正味現在価値が負の値になる場合には，投資を棄却すべきである。

$$正味現在価値 = \frac{CF_1}{(1+r)} + \frac{CF_2}{(1+r)^2} + \cdots + \frac{CF_n}{(1+r)^n} - I_0$$

※ CF_n：n年後のキャッシュ・フロー，I_0：初期投資額

設例15−5

　設例15-3の資料に基づき，正味現在価値法により，どちらの投資案が有利か判定しなさい。なお，資本コスト率は10％である。年利10％における，現価係数および年金現価係数は，次のとおりである。

	1年	2年	3年	4年
現 価 係 数	0.9091	0.8264	0.7513	0.6830
年金現価係数	0.9091	1.7355	2.4869	3.1699

解　答

投資案Ａが有利である。

解　説

現価係数や年金現価係数が示されているので，正味現在価値を次のように算定できる。いずれの正味現在価値も正の値であり，投資を行うことが有利であるが，その金額が大きい投資案Ａが優先される。

投資案Ａ：2,000万円 × 3.1699（4年の年金現価係数）－ 6,000万円 ＝ 339.8万円

※投資案Ａは，年々のキャッシュ・フローが同額のため，年金現価係数を利用し計算できる。

投資案Ｂ：1,200万円 × 0.9091 ＋ 1,600万円 × 0.8264 ＋ 2,400万円 × 0.7513
　　　　＋ 1,600万円 × 0.6830 － 5,000万円 ＝ 309.08万円

※投資案Ｂは，年々のキャッシュ・フローが異なるため，各年度の金額にその年の現価係数を掛け，合計する。

各投資案の正味現在価値は，現価係数や年金現価係数を使用しなくても，次のように計算できる。

投資案Ａ：

$$\frac{2,500万円}{(1+0.1)} + \frac{2,500万円}{(1+0.1)^2} + \frac{2,500万円}{(1+0.1)^3} + \frac{2,500万円}{(1+0.1)^4} - 6,000万円 ≒ 339.8万円$$

投資案Ｂ：

$$\frac{1,200万円}{(1+0.1)} + \frac{1,600万円}{(1+0.1)^2} + \frac{2,400万円}{(1+0.1)^3} + \frac{1,600万円}{(1+0.1)^4} - 5,000万円 ≒ 309.08万円$$

2）収益性指数法

収益性指数法は，キャッシュ・フローの現在価値合計額を投資額で割ることにより収益性指数を求め，その大小により投資案の優劣を決める方法である。ただし，収益性指数が1より小さい場合には，その投資を棄却すべきである。

この方法は，正味現在価値法とは異なり，効率性を重視した方法である。つまり，上述した正味現在価値法では，正味現在価値の金額の大小で投資案の優劣を決めることになるが，これには初期投資額の大小が考慮されていない。仮に正味現在価値が同額であった場合には，当然，初期投資額の小さい投資案の方が効率がよいことになる。そこで，その効率性をみるために収益性指数法が利用される。

$$収益性指数 = \frac{キャッシュ・フローの現在価値合計額}{初期投資額}$$

設例15-6

設例15-3の資料に基づき，収益性指数法により，どちらの投資案が有利か判定しなさい。資本コスト率は10%である。

〔解 答〕

投資案Bが有利である。

〔解 説〕

各投資案の収益性指数は，次のように計算できる。

投資案A：$\dfrac{6,339.8万円\ ^{1)}}{6,000万円} ≒ 1.057$

投資案B：$\dfrac{5,309.08万円\ ^{2)}}{5,000万円} ≒ 1.062$

1), 2) 設例15-5で計算した各投資案の現在価値合計額

設例15-5と15-6を比較するとわかるように，正味現在価値法では有利と判定された投資案Aであるが，初期投資額が大きいため，収益性指数では投資案Bを下回る結果となっている。

3）内部利益率法

内部利益率法は，キャッシュ・フローの現在価値合計額と投資額が一致する割引率（これを内部利益率とよぶ）を算定し，これと資本コスト率とを比較することにより，投資の是非を判断する方法である。このとき，内部利益率が資本コスト率よりも大きければ，その投資を実行することが有利となる。

内部利益率は，次の式を成立させるrの値である。

$$\frac{CF_1}{(1+r)} + \frac{CF_2}{(1+r)^2} + \cdots + \frac{CF_n}{(1+r)^n} - I_0 = 0$$

※ r：内部利益率，CF_n：n年後のキャッシュ・フロー，I_0：初期投資額

内部利益率法では，相互排他的な投資案の正しい順位付けができない，ま

た，複数の内部利益率が算定されることがある，といった問題点が指摘される。

設例15－7

設例15-3の資料に基づき，投資案Ａについて，内部利益率法で投資の是非を判断しなさい。資本コスト率は10％である。

解 答

投資案Ａを実行することが有利である。

解 説

投資案Ａにおいて，キャッシュ・フローの現在価値合計額と投資額が一致するための年金現価係数は3（＝6,000万円÷2,000万円）である。3という年金現価係数は，n＝4年の場合，年利12％（年金現価係数：3.0373）と13％（同：2.9745）の間の値となる。つまり，投資案Ａの内部利益率は，資本コスト率10％より大きくなるため，この投資案を実行することが有利となる。

このケースにおいて，さらに正確な内部利益率を算定するためには，補間法が用いられる。補間法では，2つの割引率（この場合，12％と13％）の間では，年金現価係数が直線的に推移するという仮定で割引率が求められる。これにより割引率を求めると，次のとおりである。

$$\text{投資案Ａの内部利益率：} 12\% + \frac{3.0373 - 3}{3.0373 - 2.9745} \fallingdotseq 12.59\%$$

内部利益率法において，年々のキャッシュ・フローが同額の場合，上述した計算で内部利益率を算定できるが，年々のキャッシュ・フローが異なる場合にはどのように計算すべきであろうか。設例15-3の投資案Ｂで考えてみたい。

まず，目安となる年金現価係数を年々の平均キャッシュ・フローを用い，以下のように算定する。

5,000万円÷1,700万円[1] ≒ 2.94

1) （1,200万円＋1,600万円＋2,400万円＋1,600万円）÷4

2.94という年金現価係数は，n＝4年の場合，年利13％と14％の間の値となるが，このケースでは，必ずしもこの間に内部利益率があるとは限らない。同じ金額であれば，年数が進むほど現在価値は小さくなる。つまり，年々のキャッシュ・フローが比較的遅い時期に多く生じるほど，内部利益率は小さくなる。投資案Ｂでは，投資期間の後半において比較的多額のキャッシュ・フローが発生している。そこで，13％より小さい12％も加え，各割引率における投資案Ｂの正味現在価値を計算すると，次のようになる。

12％： 5,072万円[2] － 5,000万円 ＝ 72万円

13％： 4,960万円 － 5,000万円 ＝ － 40万円
14％： 4,851万円 － 5,000万円 ＝ － 149万円

2) $\dfrac{1,200万円}{1.12} + \dfrac{1,600万円}{1.12^2} + \dfrac{2,400万円}{1.12^3} + \dfrac{1,600万}{1.12^4}$

　この計算結果から，投資案Bの内部利益率は12％と13％の間（Excelによる計算では約12.64％）にあるとわかる。

復習問題

（問題1） 現在価値と将来価値についてまとめてください。
（問題2） 設備投資の経済性計算の各方法についてまとめてください。

ABC

第 **16** 章

Key Word
狭義の原価管理　広義の原価管理　ICM　戦略的管理会計　原価企画
ライフサイクルコスティング　品質原価計算　伝統的な原価計算　ABC
活動基準原価計算　活動　コスト・プール　資源ドライバー　活動ドライバー
コスト・ドライバー

1 新しい管理ツールの必要性

　製造業において，生産方式は時代とともに変化してきた。わが国においても，昭和30年代にフォードシステムに代表されるプロセス・オートメーションが発展し，標準製品の少品種大量生産が行われ，規模の経済によって，原価引下げを行っていた。この生産形態のもとでは，実際の生産段階で生産能率の向上を狙う標準原価計算による原価管理（コスト・コントロール：狭義の原価管理）が効果的であった。

　しかし，生活が豊かになり，消費者の欲求が満たされてくると，ただ作るだけでは売れなくなってきた。生産や販売の計画をたて，収益との関係で相対的に原価を引下げる原価管理（コスト・マネジメント：広義の原価管理）の考え方が必要になってきた。そこでは予算や直接原価計算，設備投資の経済性計算が行われた。

　さらに消費者のニーズが多様化してくると，多くの種類の製品を少しずつ生産する多品種少量生産が必要になってきた。このためにIT（information technology）が発展し，工場はよりいっそう自動化されるようになった。そうした企業環境変化に対応するために生産システムは，生産中心のFA（factory automation），FMS（flexible manufacturing system）から，販売，技術，生産といった企業全体をコンピュータによって統合したCIM（computer integrated manufacturing）が構築された。このような状況のもとでは，従来の原価管理はあまり効果がなくなり，新しい原価管理の概念が必要になった。

ICM（integrated cost management）は，日本会計研究学会特別委員会によって必要性が指摘された新しい原価管理の概念である。原価管理の対象が，製造，販売から全社に拡張され，新しい管理ツールとして，原価企画，ABC，ライフサイクルコスティング，品質原価計算などが利用されるようになった。このように戦略策定や戦略実行などに役立つ会計情報を提供する戦略的管理会計が重要になってきた。

原価企画は，製品の企画・設計の段階を中心に，販売，技術，生産，開発，経理などの企業の関連部署の総意を結集して，総合的原価引下げを意図した原価管理の手法である。ライフサイクルコスティングは，製品の企画・開発段階から使用・廃棄段階に至るまでの製品の全生涯に発生するコストを測定・分析するものである。品質原価計算は，品質原価を対象として，製品の品質を品質原価と関連づけ，貨幣数値化するシステムである。

本章では，新しい管理ツールの1つであるABCについて考察する。

2 ABCとは

製造間接費は製品に直接跡づけられないので，製品に跡づけるためには配賦の計算をすることが必要である。しかし配賦は，配賦基準を設定するにあたって恣意性が介入するといった問題点が指摘されている。

伝統的な原価計算では，直接作業時間や機械運転時間などの操業度を基準に製造間接費を配賦してきた。プロセス・オートメーションのような製造原価に占める製造間接費の割合が比較的小さな場合には，この方法でも製品原価の計算に大きな影響を与えなかった。

しかしながら工場におけるFA化やCIM化，さらに企業全体としてはIT化というような経営環境の変化にともない，昨今ではこれらの設備等にかかるコストが増大し，製造間接費は増大する傾向にある。

また，消費者ニーズの多様化にともなう少品種大量生産から多品種少量生産へのシフトは，製造間接費を総額として増大させるだけでなく，原材料の発注コスト，作業の段取コスト，製品の品質検査コストなど，操業度（たとえば機械運転時間）とは無関係に発生する原価を増加させている。このとき，従来の

操業度基準による配賦では、段取りや品質検査に手間のかかる少量生産の特殊製品よりも、手間のかからない量産品に製造間接費が多額に配賦されてしまうため、少量生産の特殊製品の製造原価が小さく算定され、収益性が高く評価されることになってしまう。

こうした状況を背景とし、製造間接費の配賦の欠陥を克服するために工夫された原価計算技法が、ABC（activity-based costing：活動基準原価計算）である。ABCは、伝統的な原価計算とは異なり、活動（activity）という概念を用いて製造間接費を製品に跡づけるための計算技法である。

3 ABCの特徴──伝統的な原価計算との比較

伝統的な原価計算において製造間接費は、部門個別費と部門共通費とに区分され、部門個別費は製造部門と補助部門に賦課し、部門共通費は関連部門に配賦する（第1次集計）。次に、補助部門に集計された原価（補助部門費）を製造部門に配賦し（第2次集計）、最後に、製造部門に集計した原価を、操業度を基準に各製品に配賦する（第3次集計）。この流れをまとめれば、図表16-1(1)に示すとおりである。このとき、とくに補助部門費は、当該部門の製品への用役（サービス）提供とは無関係に、第2次集計先の製造部門の配賦基準で、当該製造部門費として各製品に配賦される。

これに対しABCでは、製造間接費を部門ではなく、資源を消費する活動に集計する（集計される場所をコスト・プールとよぶ）。そして、活動ごとに集計された原価は、その活動により生み出される製品に跡づけられる。この流れをまとめれば、図表16-1(2)に示すとおりである。

このとき、製造間接費を活動に跡づけるために利用されるのが資源ドライバー（resource driver）であり、活動から製品に跡づけるために利用されるのが活動ドライバー（activity driver）である。資源ドライバーと活動ドライバーは、総称してコスト・ドライバー（cost driver）ともよばれるが、原価を生ぜしめる要因のことである。資源ドライバーと活動ドライバーの例を示せば、図表16-2のとおりである。

図表 16－1　伝統的な原価計算と ABC の相違

(1) 伝統的な原価計算

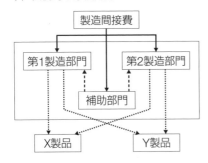

第1次集計：──→
第2次集計：------→
第3次集計：……→

(2) ABC

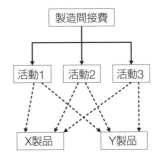

資源ドライバーによる跡づけ：──→
活動ドライバーによる跡づけ：------→

図表 16－2　資源ドライバーと活動ドライバーの例

経済的資源	資源ドライバー	活動	活動ドライバー	原価計算対象
倉庫係賃金	→ 作業時間 →	保管活動 →	部品別1日当たり在庫金額×在庫日数	→ 各種製品
段取工賃金	→ （直　課）→	段取活動 →	段取回数	→ 各種製品
電算機費用	→ 端末台数 →	設計活動 →	設計時間	→ 各種製品
トラックガソリン代	→ （直　課）→	配送活動 →	走行距離	→ 顧客

出所：岡本清（2000）『原価計算 六訂版』国元書房，p.901。

　このように ABC は，従来，操業度を基準に配賦していた製造間接費を，その配賦による恣意性を極力排除するため，まずは活動に集計し，そこから活動ドライバーに基づき直接的に製品に跡づける計算技法である。

4　ABCによる製造間接費の計算

　ABC による製造間接費の計算方法について，数値例を用い，伝統的な原価計算と比較する形で説明する。

設例 16-1

以下の資料をもとにして，問いに答えなさい。

資料

1 製造間接費の配賦基準およびコスト・ドライバー

	A製品	B製品	C製品	合計
生　産　量	5,000個	10,000個	20,000個	35,000個
原材料消費量	8 kg/個	6 kg/個	5 kg/個	200,000 kg
直接作業時間	6時間/個	5時間/個	4時間/個	160,000時間
機械作業時間	4時間/個	3時間/個	5時間/個	150,000時間
段 取 回 数	40回	15回	5回	60回
発 注 回 数	120回	70回	60回	250回
配　送　費	32回	13回	5回	50回

2 製造間接費発生額

機械関連費	2,700万円
発注関連費	850
段取関連費	1,740
梱包関連費	950
合　計	6,240万円

問1 操業度基準の配賦基準を用いた単一基準の配賦によって，各製品に対する製造間接費の配賦総額と単位あたり配賦額を計算しなさい。なお，配賦基準として直接作業時間が用いられるとする。

問2 ABCによって，各製品に対する製造間接費の配賦総額と単位あたり配賦額を計算しなさい。なお，コスト・ドライバーとして，機械関連費は機械作業時間，発注関連費は発注回数，段取関連費は段取回数，梱包関連費は発送回数が用いられるとする。

解答

		A製品	B製品	C製品
問1	製造間接費配賦額	1,170万円	1,950万円	3,120万円
	単位あたり配賦額	2,340円/個	1,950円/個	1,560円/個
問2	製造間接費配賦額	2,536万円	1,460万円	2,244万円
	単位あたり配賦額	5,072円/個	1,460円/個	1,122円/個

解説

問1

A製品配賦額：$\dfrac{6,240\text{万円}}{160,000\text{時間}} \times 6\text{時間/個} \times 5,000\text{個} = 1,170\text{万円}$

B製品配賦額：〃 × 5時間/個 × 10,000個 = 1,950万円

C製品配賦額：〃 × 4時間/個 × 20,000個 = 3,120万円

A製品単位あたり配賦額：1,170万円 ÷ 5,000個 = 2,340円/個
B製品単位あたり配賦額：1,950万円 ÷ 10,000個 = 1,950円/個
C製品単位あたり配賦額：3,120万円 ÷ 20,000個 = 1,560円/個

問2

製造間接費を活動によって集計した費目ごとに，それぞれのコスト・ドライバーによって配賦する。

機械関連費
A製品配賦額：$\dfrac{2,700\text{万円}}{150,000\text{時間}} \times 4\text{時間/個} \times 5,000\text{個} = 360\text{万円}$

B製品配賦額：〃 × 3時間/個 × 10,000個 = 540万円

C製品配賦額：〃 × 5時間/個 × 20,000個 = 1,800万円

発注関連費
A製品配賦額：$\dfrac{850\text{万円}}{250\text{回}} \times 120\text{回} = 408\text{万円}$

B製品配賦額：〃 × 70回 = 238万円

C製品配賦額：〃 × 60回 = 204万円

段取関連費
A製品配賦額：$\dfrac{1,740\text{万円}}{60\text{回}} \times 40\text{回} = 1,160\text{万円}$

B製品配賦額：〃 × 15回 = 435万円

C製品配賦額：〃 × 5回 = 145万円

梱包関連費
A製品配賦額：$\dfrac{950\text{万円}}{50\text{回}} \times 32\text{回} = 608\text{万円}$

B製品配賦額：〃 × 13回 = 247万円

C製品配賦額：〃 × 5回 = 95万円

製造間接費配賦額
　A製品配賦額：　360万円 ＋ 408万円 ＋ 1,160万円 ＋ 608万円 ＝ 2,536万円
　B製品配賦額：　540万円 ＋ 238万円 ＋　 435万円 ＋ 247万円 ＝ 1,460万円
　C製品配賦額：1,800万円 ＋ 204万円 ＋　 145万円 ＋　95万円 ＝ 2,244万円

　A製品単位あたり配賦額：2,536万円 ÷ 　5,000個 ＝ 5,072円/個
　B製品単位あたり配賦額：1,460万円 ÷ 10,000個 ＝ 1,460円/個
　C製品単位あたり配賦額：2,244万円 ÷ 20,000個 ＝ 1,122円/個

　単位あたり配賦額をみてみると，ABCで計算するほうが，より多くの手間がかかっているA製品に，より多くの製造間接費が配賦されることがわかる。

5　ABCの意思決定への利用

　ABCによって計算された製品原価は，伝統的な原価計算と比べて，より原価の発生形態に近い計算ができるので，これによって製品の収益性を検討し，意思決定に役立てることができる。

設例16－2

　当社では標準仕様の量産品X製品と特殊仕様のY製品を生産している。従来これらの製品の製造原価は，操業度を基準に製造間接費を配賦して計算してきた。そのためのデータは，次の資料のとおりである。ところが量産品であるX製品より，少量しか生産していないY製品が手間を掛けている割に配賦額が割安であり原価が安いので，Y製品を増産した方が儲かるのではないかという意見が出てきた。それが正しいかどうか，ABCで計算して，操業度基準の場合と比較しなさい。

資料
1 生産・販売データ
　生産・販売量：X製品　4,000個　　　Y製品　1,000個

2 売価・原価データ
　①売価：X製品　1,000円/個　　Y製品　1,500円/個
　②原価
　　　直接材料費：X製品　1,274万円　　Y製品　325万円
　　　直接労務費：X製品　　910万円　　Y製品　381万円
　　　製造間接費：

製造間接費		資源ドライバー	活動別資源消費量		
費目	金額		発注	段取	工場管理
人件費	480万円	間接作業時間	300時間	400時間	500時間
設備関連費	540万円	機械稼働時間	200時間	600時間	100時間
材料・消耗品費	700万円	消費量	200kg	400kg	800kg
合計	1,720万円				

3 活動に関するデータ

活動	活動ドライバー	製品別活動消費量	
		X製品	Y製品
発注	発注件数	60件	20件
段取	段取回数	35回	55回
工場管理	直接作業時間	4,000時間	1,000時間

【解答】
　操業度基準の伝統的な原価計算で計算するとX製品の売上高総利益率は11.0%，Y製品は30.0%になるが，ABCで計算するとX製品は18.8%，Y製品は9.1%になる。伝統的原価計算では手間がかかっても機械運転時間が少ないY製品への配賦額が小さくなるが，ABCで活動によって計算すると，活動量の多いY製品の製造間接費が大きくなる。伝統的な原価計算よりもABCの方が原価の発生に近い原価が計算されていると考えられるので，Y製品を増産するのは間違った意思決定である。

【解説】
　伝統的な原価計算では，機械運転時間により一括して製造間接費を配賦するため，各製品への製造間接費の配賦額は，次のように計算される。

　　X製品への配賦額：$\dfrac{1,720万円}{4,000時間 + 1,000時間} \times 4,000時間 = 1,376万円$

　　Y製品への配賦額：　　　〃　　　$\times 1,000時間 = 344万円$

　これにより，製品別の売上総利益を計算すれば，次のとおりである。

	X製品	Y製品
売　上　高	4,000万円	1,500万円
売　上　原　価		
直接材料費	1,274	325
直接労務費	910	381
製造間接費	1,376	344
売　上　総　利　益	440万円	450万円
単　位　利　益	1,100円/個	4,500円/個
売上高総利益率	11.0%	30.0%

これに対しABCでは，製造間接費をまず活動に集計する。このケースでは，人件費，設備関連費，材料・消耗品費それぞれの費目の製造間接費を，それぞれの資源ドライバーによって，発注，段取，工場管理のそれぞれの活動に跡づける。

人件費
　発注活動： $\dfrac{480\text{万円}}{300\text{時間} + 400\text{時間} + 500\text{時間}} \times 300\text{時間} = 120\text{万円}$
　段取活動：　　　　　〃　　　　　× 400時間 = 160万円
　工場管理活動：　　　〃　　　　　× 500時間 = 200万円

設備関連費
　発注活動： $\dfrac{540\text{万円}}{200\text{時間} + 600\text{時間} + 100\text{時間}} \times 200\text{時間} = 120\text{万円}$
　段取活動：　　　　　〃　　　　　× 600時間 = 360万円
　工場管理活動：　　　〃　　　　　× 100時間 = 60万円

材料・消耗品費
　発注活動： $\dfrac{700\text{万円}}{200\text{kg} + 400\text{kg} + 800\text{kg}} \times 200\text{kg} = 100\text{万円}$
　段取活動：　　　　　〃　　　　　× 400kg = 200万円
　工場管理活動：　　　〃　　　　　× 800kg = 400万円

活　　動	製　造　間　接　費			
	人　件　費	設備関連費	材料・消耗品費	合　　計
発　　　　注	120万円	120万円	100万円	340万円
段　　　　取	160万円	360万円	200万円	720万円
工　場　管　理	200万円	60万円	400万円	660万円
合　　　　計	480万円	540万円	700万円	1,720万円

次に各活動に集計された原価は，活動ごとに設定された活動ドライバーにより，製品に跡づけられる。

発注活動
　X製品：$\dfrac{340\,万円}{60\,件 + 20\,件} \times 60\,件 = 255\,万円$

　Y製品：　　〃　　　$\times 20\,件 = 85\,万円$

段取活動
　X製品：$\dfrac{720\,万円}{35\,回 + 55\,回} \times 35\,回 = 280\,万円$

　Y製品：　　〃　　　$\times 55\,回 = 440\,万円$

工場管理活動
　X製品：$\dfrac{660\,万円}{4,000\,時間 + 1,000\,時間} \times 4,000\,時間 = 528\,万円$

　Y製品：　　〃　　　$\times 1,000\,時間 = 132\,万円$

活　　動	X製品	Y製品
発　　　注	255万円	85万円
段　　　取	280万円	440万円
工 場 管 理	528万円	132万円
合　　　計	1,063万円	657万円

これにより，製品別の売上総利益を計算すれば，次のとおりである。

	X製品	Y製品
売　　上　　高	4,000万円	1,500万円
売　上　原　価		
直 接 材 料 費	1,274	325
直 接 労 務 費	910	381
製 造 間 接 費	1,063	657
売 上 総 利 益	753万円	137万円
単 　位 　利 　益	1,882.5円/個	1,370円/個
売上高総利益率	18.8%	9.1%

この計算結果からわかるように，伝統的な原価計算ではY製品の収益性が高く算定されるが，ABCでは逆に，X製品の収益性が高くなる。

なお，伝統的原価計算と ABC による製造間接費の計算の流れを図示すれば，図表 16-3，16-4 のとおりである。

図表 16 − 3　伝統的な原価計算による製造間接費の計算の流れ

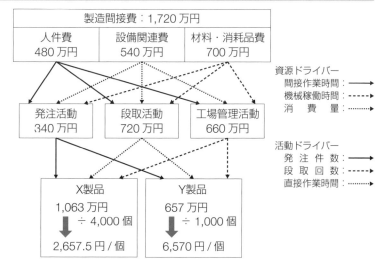

図表 16 − 4　ABC による製造間接費の計算の流れ

復習問題

(問題 1) ABC などの新しい管理ツールはどうして生まれてきたのでしょうか。

(問題 2) 伝統的な原価計算と ABC には，どのような違いがありますか。

(問題 3) コスト・ドライバーとは，どのようなものですか。

＜参考＞ 現価係数表と年金現価係数表

現価係数表 $\frac{1}{(1+r)^n}$

n \ r	1%	2%	3%	4%	5%	6%	7%	8%	9%	10%
1	0.9901	0.9804	0.9709	0.9615	0.9524	0.9434	0.9346	0.9259	0.9174	0.9091
2	0.9803	0.9612	0.9426	0.9246	0.9070	0.8900	0.8734	0.8573	0.8417	0.8264
3	0.9706	0.9423	0.9151	0.8890	0.8638	0.8396	0.8163	0.7938	0.7722	0.7513
4	0.9610	0.9238	0.8885	0.8548	0.8227	0.7921	0.7629	0.7350	0.7084	0.6830
5	0.9515	0.9057	0.8626	0.8219	0.7835	0.7473	0.7130	0.6806	0.6499	0.6209
6	0.9420	0.8880	0.8375	0.7903	0.7462	0.7050	0.6663	0.6302	0.5963	0.5645
7	0.9327	0.8706	0.8131	0.7599	0.7107	0.6651	0.6227	0.5835	0.5470	0.5132
8	0.9235	0.8535	0.7894	0.7307	0.6768	0.6274	0.5820	0.5403	0.5019	0.4665
9	0.9143	0.8368	0.7664	0.7026	0.6446	0.5919	0.5439	0.5002	0.4604	0.4241
10	0.9053	0.8203	0.7441	0.6756	0.6139	0.5584	0.5083	0.4632	0.4224	0.3855

n \ r	11%	12%	13%	14%	15%	16%	17%	18%	19%	20%
1	0.9009	0.8929	0.8850	0.8772	0.8696	0.8621	0.8547	0.8475	0.8403	0.8333
2	0.8116	0.7972	0.7831	0.7695	0.7561	0.7432	0.7305	0.7182	0.7062	0.6944
3	0.7312	0.7118	0.6931	0.6750	0.6575	0.6407	0.6244	0.6086	0.5934	0.5787
4	0.6587	0.6355	0.6133	0.5921	0.5718	0.5523	0.5337	0.5158	0.4987	0.4823
5	0.5935	0.5674	0.5428	0.5194	0.4972	0.4761	0.4561	0.4371	0.4190	0.4019
6	0.5346	0.5066	0.4803	0.4556	0.4323	0.4104	0.3898	0.3704	0.3521	0.3349
7	0.4817	0.4523	0.4251	0.3996	0.3759	0.3538	0.3332	0.3139	0.2959	0.2791
8	0.4339	0.4039	0.3762	0.3506	0.3269	0.3050	0.2848	0.2660	0.2487	0.2326
9	0.3909	0.3606	0.3329	0.3075	0.2843	0.2630	0.2434	0.2255	0.2090	0.1938
10	0.3522	0.3220	0.2946	0.2697	0.2472	0.2267	0.2080	0.1911	0.1756	0.1615

<参考> 現価係数表と年金現価係数表

年金現価係数表 $\dfrac{(1+r)^n - 1}{r(1+r)^n}$

n \ r	1%	2%	3%	4%	5%	6%	7%	8%	9%	10%
1	0.9901	0.9804	0.9709	0.9615	0.9524	0.9434	0.9346	0.9259	0.9174	0.9091
2	1.9704	1.9416	1.9135	1.8861	1.8594	1.8334	1.8080	1.7833	1.7591	1.7355
3	2.9410	2.8839	2.8286	2.7751	2.7232	2.6730	2.6243	2.5771	2.5313	2.4869
4	3.9020	3.8077	3.7171	3.6299	3.5460	3.4651	3.3872	3.3121	3.2397	3.1699
5	4.8534	4.7135	4.5797	4.4518	4.3295	4.2124	4.1002	3.9927	3.8897	3.7908
6	5.7955	5.6014	5.4172	5.2421	5.0757	4.9173	4.7665	4.6229	4.4859	4.3553
7	6.7282	6.4720	6.2303	6.0021	5.7864	5.5824	5.3893	5.2064	5.0330	4.8684
8	7.6517	7.3255	7.0197	6.7327	6.4632	6.2098	5.9713	5.7466	5.5348	5.3349
9	8.5660	8.1622	7.7861	7.4353	7.1078	6.8017	6.5152	6.2469	5.9952	5.7590
10	9.4713	8.9826	8.5302	8.1109	7.7217	7.3601	7.0236	6.7101	6.4177	6.1446

n \ r	11%	12%	13%	14%	15%	16%	17%	18%	19%	20%
1	0.9009	0.8929	0.8850	0.8772	0.8696	0.8621	0.8547	0.8475	0.8403	0.8333
2	1.7125	1.6901	1.6681	1.6467	1.6257	1.6052	1.5852	1.5656	1.5465	1.5278
3	2.4437	2.4018	2.3612	2.3216	2.2832	2.2459	2.2096	2.1743	2.1399	2.1065
4	3.1024	3.0373	2.9745	2.9137	2.8550	2.7982	2.7432	2.6901	2.6386	2.5887
5	3.6959	3.6048	3.5172	3.4331	3.3522	3.2743	3.1993	3.1272	3.0576	2.9906
6	4.2305	4.1114	3.9975	3.8887	3.7845	3.6847	3.5892	3.4976	3.4098	3.3255
7	4.7122	4.5638	4.4226	4.2883	4.1604	4.0386	3.9224	3.8115	3.7057	3.6046
8	5.1461	4.9676	4.7988	4.6389	4.4873	4.3436	4.2072	4.0776	3.9544	3.8372
9	5.5370	5.3282	5.1317	4.9464	4.7716	4.6065	4.4506	4.3030	4.1633	4.0310
10	5.8892	5.6502	5.4262	5.2161	5.0188	4.8332	4.6586	4.4941	4.3389	4.1925

索　引

A～Z

ABC ……………………………………… 205
CVP分析 ………………………………… 153
ICM ……………………………………… 204
WACC …………………………………… 194

あ

アウトプット法 ………………………… 140
安全余裕率 ……………………………… 155

異常減損 ………………………………… 74
異常仕損 ………………………………… 74
一括調整法 ……………………………… 176
一般原価概念 …………………………… 4
インプット法 …………………………… 139

か

外注加工 ………………………………… 25
外注加工費の処理 ……………………… 25
階梯式配賦法 …………………………… 38
外部材料副費 …………………………… 12
価格差異 ………………………………… 133
加給金 …………………………………… 19
加工進捗度 ……………………………… 63
加工費工程別総合原価計算 …………… 97
加工費法 ………………………………… 97
加重平均資本コスト率（WACC）……… 194
活動 ……………………………………… 205
活動基準原価計算（ABC）……………… 205
活動ドライバー ………………………… 205
貨幣価値 ………………………………… 193
貨幣の時間価値 ………………………… 193
完成品換算量 …………………………… 63
管理可能差異 …………………………… 135
管理可能性による分類 ………………… 7

機会原価 ………………………………… 5

期間原価 ………………………………… 168
期間損益計算における収益対応に基づく
　分類 …………………………………… 6
機能別原価概念 ………………………… 4
基本賃金 ………………………………… 19
キャッシュ・フロー …………………… 191
狭義の原価管理 ………………………… 203
業務執行的意思決定 …………………… 179
金額基準 ………………………………… 29

組間接費 ………………………………… 101
組直接費 ………………………………… 101
組別総合原価計算 ……………………… 101

経営意思決定 …………………………… 179
経営意思決定目的 ……………………… 3
経営レバレッジ係数 …………………… 158
経済的発注量 …………………………… 189
形態別分類 ……………………………… 5
経費 ……………………………………… 22
経費の計算 ……………………………… 22
結合原価 ………………………………… 123
現価係数 ………………………………… 194
限界利益 …………………………… 154, 165
原価概念 ………………………………… 4
原価管理 ………………………………… 129
原価管理目的 …………………………… 2
原価企画 ………………………………… 204
原価計算 ………………………………… 1
原価計算期間 …………………………… 9
原価計算制度 …………………………… 9
原価集計の観点による分類 …………… 8
原価集計の継続性による分類 ………… 9
原価の固変分解 ………………………… 162
原価標準 ………………………………… 130
現在価値 ………………………………… 194
減損 ……………………………………… 73

索　引

広義の原価管理 …………………………… 203
公式法変動予算 ……………………………… 32
工程 …………………………………………… 87
工程全体を単一工程とみなして計算する
　方法 ……………………………………… 92
高低点法 …………………………………… 163
工程別総合原価計算 ………………………… 87
コスト・コントロール …………………… 203
コスト・ドライバー ……………………… 205
コスト・プール …………………………… 205
コスト・マネジメント …………………… 203
固定費調整 ………………………………… 174
固定費能率差異 …………………………… 135
固定予算 …………………………………… 31
個別原価計算 ………………………………… 47
個別受注生産 ………………………………… 47
ころがし計算法 …………………………… 175

さ

最小二乗法 ………………………………… 163
最適セールス・ミックス ………………… 186
財務諸表作成 ………………………………… 2
材料購入原価の計算 ………………………… 12
材料消費額の計算 …………………………… 14
材料費 ………………………………………… 11
材料費の計算 ………………………………… 11
材料無償支給 ………………………………… 25
材料有償支給 ………………………………… 27
差額原価収益分析 ………………………… 180
差額法 ……………………………………… 180
先入先出法 …………………………………… 65
作業屑 ………………………………… 55, 126
作業屑の処理 ………………………………… 55
作業時間差異 ……………………………… 133
産出量基準 ………………………………… 123

資源ドライバー …………………………… 205
支出原価 ……………………………………… 4
仕損 …………………………………… 57, 73
仕損品 ………………………………………… 73
仕損の処理 …………………………………… 57

実査法変動予算 ……………………………… 33
資本コスト ………………………………… 194
収益性指数法 ……………………………… 199
修正先入先出法 ……………………………… 65
修正パーシャル・プラン ………………… 140
純粋個別原価計算 …………………………… 47
純粋先入先出法 ……………………………… 65
正味現在価値法 …………………………… 198
シングル・プラン ………………………… 139

数量差異 …………………………………… 133

正常減損 ……………………………………… 73
正常市価基準 ……………………………… 123
正常仕損 ……………………………………… 73
製造間接費 …………………………………… 29
製造間接費計算 ……………………………… 29
製造間接費実際配賦 ………………………… 29
製造間接費配賦差異 ………………………… 30
製造間接費予算 ……………………………… 30
製造間接費予定配賦 ………………………… 30
製造部門 ……………………………………… 37
製品原価 …………………………………… 168
製品との関連による分類 …………………… 6
製品別計算 …………………………………… 9
全部原価計算 ……………………………… 168
戦略的意思決定 ……………………… 179, 191
戦略的管理会計 …………………………… 204

総額法 ……………………………………… 180
操業度差異 …………………………… 30, 135
操業度との関連による分類 ………………… 6
総合原価計算 ………………………………… 61
損益分岐点図表 …………………………… 153
損益分岐点分析 …………………………… 153

た

タックス・シールド ……………………… 192
棚卸減耗費の計算 …………………………… 14
単一基準配賦法 ……………………………… 38
単純回収期間法 …………………………… 196

217

| 単純個別原価計算 47, 48, 63
| 単純総合原価計算に近い方法 112, 115
| 単純投資利益率法 197

直接原価計算 165
直接配賦法 38
賃金給料の計算 17
賃率差異 133

伝統的な原価計算 204

等価係数 111
等級別総合原価計算 111
度外視法 74
特殊原価 4
特殊原価調査 9
特定製造指図書 47

な

内部材料副費 12
内部利益率法 200

年金現価係数 194

能率差異 135

は

パーシャル・プラン 140
配合差異 148

非原価項目 7
非度外視法 74
費目別計算 9, 11
標準原価 130
標準原価計算 129
非累加法 91
品質原価計算 204

副産物 126
複数基準配賦法 38
物量基準 29
歩留差異 148
部門費計算 36
部門費の第1次集計 37
部門費の第2次集計 37
部門別計算 9
部門別個別原価計算 47, 51

変動費能率差異 135

補間率 34
補助部門 37

や

要素別原価概念 5
予算差異 30, 135

ら

ライフサイクルコスティング 204

利益管理目的 3

累加法 88
累加法と計算結果が一致する方法 92

連結原価 123
連産品 123

労務費 17
労務費の計算 17
ロット 47
ロット別個別原価計算 47

わ

割引計算 193

【著者紹介】（執筆順）

建部　宏明（たてべ　ひろあき）〔第1, 2, 3, 4章担当〕
　　1957年　東京都生まれ
　　1988年　明治大学大学院経営学研究科博士後期課程単位取得退学
　　現　在　専修大学商学部教授

長屋　信義（ながや　のぶよし）〔第5, 6, 7, 8, 9, 10, 16章担当〕
　　1957年　岐阜県生まれ
　　1988年　明治大学大学院経営学研究科博士後期課程単位取得退学
　　現　在　産業能率大学情報マネジメント学部教授

山浦　裕幸（やまうら　ひろゆき）〔第11, 12, 13, 14, 15章担当〕
　　1960年　長野県生まれ
　　1988年　明治大学大学院経営学研究科博士後期課程単位取得退学
　　現　在　千葉経済大学経済学部教授

平成30年3月15日　初版発行　　　　略称：スタンダード原価

スタンダード原価計算

著　者	建部　宏明 長屋　信義 山浦　裕幸
発行者	中島　治久

発行所　**同文舘出版株式会社**
　　　　東京都千代田区神田神保町1-41　〒101-0051
　　　　営業 (03) 3294-1801　　編集 (03) 3294-1803
　　　　振替 00100-8-42935　　http://www.dobunkan.co.jp

H. TATEBE
© N. NAGAYA
H. YAMAURA

DTP：マーリンクレイン
印刷・製本：三美印刷

Printed in Japan 2018
ISBN978-4-495-20641-3

JCOPY〈出版者著作権管理機構　委託出版物〉
本書の無断複製は著作権法上での例外を除き禁じられています。複製される場合は、そのつど事前に、出版者著作権管理機構（電話 03-3513-6969, FAX 03-3513-6979, e-mail: info@jcopy.or.jp）の許諾を得てください。

『基本原価計算 第五版』

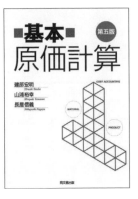

建部宏明
山浦裕幸／著
長屋信義

理論性と実用性の両面を重視し
簡潔に説明する。
日商簿記2級レベルを対象。
豊富な例題と基本用語の説明を
掲載。

『基本管理会計』

建部宏明
山浦裕幸／著
長屋信義

経営管理のための会計である管
理会計の理論を簡潔に解説する
入門書。初学者向けにケースと
豊富な設例によってやさしく説
明する。